大切な人との「隠された繋がり」を見つける

命日占い

〈めいにちうらない〉

What the date your beloved one passed away tells you

かげした真由子
命日ホロスコープ占い師

サンマーク出版

「占い」と聞くと、
「未来を言い当て、変えてくれるもの」という
イメージを持たれるかもしれません。

ですが、この本でお伝えする内容は、
あなたの未来を1つも当てることはしません。
未来を変えるような働きかけもしません。

その代わり、あなたの「過去」を変えます。
〝あの時〟止まってしまった時計の針を再び動かします。

人でも、ペットでも、物でも、
誰にだって、「大切な何か」を失った
悲しくて苦しい「過去」があることでしょう。

もしかすると、その悲しみや苦しみは、
あまりにも大きすぎて、あなたは今もなお
暗闇の真っ只中にいるかもしれません。
時計の針がその時から止まってしまったような
感覚に陥っているかもしれません。

「命日占い」は、占星術をもとにした方法で
それら「過去の出来事」の意味（解釈）を変えていきます。

……と言っても、
決して過去をなかったことにするのではありません。
目を伏せていて気づけなかった
「光」を見出すお手伝いをするのです。

いわば、「命日占い」は
止まってしまったままの時間を
再び動かす「占い」だということです。

大丈夫。絶対に大丈夫です。
暗闇があるなら、そこにはかならず光もある。
そう、私は信じているからです。

星がきれいに輝くのは、夜空があるからです。
明るい空で星は輝けません。

そうしてゆっくり過去の時計を動かしはじめ、
その後の未来を描くのは、
もちろんあなた自身です。

逆説的ではありますが、
過去を変えることで未来を変えていく、ということです。

これから過去を変えるための鍵となる
10個の「星の物語」をお届けします。

はじめに

──天国へ逝ってしまったあの人と、もう一度関係性を築けるとしたら。

これは私がまだ幼い頃のお話。ある日突然、起こったことです。

年上の2人の従姉妹がピアノ教室で火事に巻きこまれ、亡くなったのです。

年も近く、よく一緒に遊んでいた2人。

まるで3人姉妹のような間柄でした。

火事があった日。1人は即死、もう1人は重体でしたが祈りは届かず、後を追うように天国へと旅立ちました。


連日のお通夜とお葬式の日々の中、私はずーっと心が凍ったまま過ごしました。

いたずら好きな私をいつもかばってくれた、まーお姉ちゃん。

絵と作文が上手でお勉強もよくできた、はーお姉ちゃん。

優しくて、みんなのことをいつも思いやる天使のようなお姉ちゃんたちがなぜこんなにも早くこの世を去らなければならなかったのだろう……。

そんな答えのない「答え」を追い求め、私は周りの大人たちに問いかけました。

「天に召された後は、仏様のお手伝いをしているんだよ」

「2人の運命だったんだよ」

「最初から寿命は決まっているんだよ」

これはほんの一部ですが、実にさまざまな答えに出会いました。

ですが、その答えの中に私を納得させるものは1つもありませんでした。心が安堵するようなものはありませんでした。

ついには、私とその2人の従姉妹との「時間」はそこで止まってしまいました。

悲しすぎて「悲しい」という感情さえよく分からなくなってしまいました。

きっとこの出来事が私の潜在下に、「苦しんでいる人の力になりたい」という気持ちを植えつけたのでしょう。月日は流れ、私は星の動きをもとにうらなう「西洋占星術」を主にした占い師となりました。

それからも「辛いこと」で悩む人の力になりたいと思うのはもちろんのこと、「死」について同じ苦しみを持っている人の力になりたいと思う日々が続きました。

連日流れる不慮の死、交通事故のニュース、自殺者の数、死の病と闘う有名人の話題、葬儀社のＣＭ……。

「死」の話題に触れるたびに、「死」は誰にとっても身近なものだと感じ、私の思いはますます強くなりました。

そんなある日のことです。ご相談者が私のところへ来て言うのです。

「人が亡くなった日の星の動きも見ることができるのですか？」と。

つまり、「命日」の星の動き（配置）を見ることで、「遺された人」と「故人」の運命を占えないのか、というご質問でした。

占星術とは、天体の現象に基づき、人間を含むこの世界に存在するすべての「もの」の運命を占う手法です。

例えば、雑誌やテレビでよく紹介される「誕生日占い」とは、誕生した日の星の動き（配置）によって、その人の運命を占っています。

そしてこの後ゆっくりご紹介しますが、どんな状況下においても、星の動き（配置）に例外はありません。

ですから、「命日」と「星の動き」の関係性を見ることは、「誕生日」と「星の動き」の関係性（つまり、誕生日占い）を見ることと何ら変わらないのです。

こうして「命日占い」は生まれました。

「命日占い」は、この世を生きるあなたと、あの世に旅立ってしまったあの人との関係性を「命日」をもとにうらなう占いです。

良い・悪いでは語れないのが「死」ですし、「良い死に方」も「悪い死に方」もないと私は思います。

ただ私がそうだったように、受け止め難い命のお別れがあることは事実です。多くの方にとって、自死、早すぎる死、死産、孤独死、後悔が伴うお別れ、憎しみあったままのお別れなど、命のお別れに至るまでのストーリーはさまざまです。

それに大切に思っていた人の死であるほど、悲しみとショックが深いため、忘れたくて、その死を心の中から無理やり外に追いやろうとしてしまいます。

絆が深ければ深いほど、目を伏せたくなることでしょう。

2人の温かい絆を凍らせてしまうのです。

しかし、故人はあなたの一部を作ってきたのですから、心の中でずっと生きつづけています。

それどころか、あなたが故人を思う強い気持ちにより、生前以上に両者の絆はしっかりと繋がれ、共に歩んでいます。

そういう意味で「死後の世界」は存在し、故人は生きつづけるのだと私は考えます。

私自身も、この「命日占い」が、天にいる2人のお姉ちゃんと共に創ったものだと思えてなりません。

「命日占い」は、あなたと故人の心に橋を渡します。

そして繋がった橋の真ん中で再会を果たしていただきます。

ここからもう一度、あなたと故人との物語が始まることをお祈りしています。

かげした真由子

この本で分かること

「命日占い」は「誕生日占い」の逆の立ち位置

ここからは「命日占い」とは一体どんなことが分かる占いなのか、そのことについて、もう少し詳しくご紹介していきます。

要約すると、ポイントは2つです。

・「誕生日占い」は「生」を担い、「命日占い」は「死」を担う
・「命日占い」で、自分と故人との間に隠された「約束」を思い出す

それではまず、1つ目のポイントからご説明いたします。

あなたが「命日占い」と聞いた時、もしかすると「自分もしくは誰かが天に旅立つ時を予知する占い？」なんてことを思い浮かべたかもしれません。

ですが冒頭で述べた通り、「命日占い」は未来を言い当てる占いではありません。

ひと言で言うと、「命日占い」とは、「あなた」と「あなたにとって大事な故人」との今もなお続く関係性を知るためのツールです。

「お別れ」というショックな出来事により忘れてしまった2人の「魂の約束」を思い出す営みなのです。

一般的な占いはご自身の「誕生日」を用います。星占い、西洋占星術、四柱推命など、すべて「あなたが生まれた瞬間」の時を切り取り、それを元にあなたがどんな資質を持ち、どんな可能性に溢れているかを読み解いていきます。

一方で「命日占い」は、あなたに関連の深い人物が「あの世に旅立った日」を用います。

すこし特別な感じがするでしょうか。ですが占い師である私にとって、これはまったくもって特別なことではありません。

そのことをご理解いただくために、まずはこの世の理《ことわり》についてお話しします。

「この世界はすべて陰と陽でできている」

この一文は、「二元論」という概念を表したもの。西洋、東洋を問わず多くの占いのベースとなる考え方です。ただこれは何も小難しい話をしているわけではありません。みなさんの生活に深く関係するお話なのです。

例えば、方角もそう。「右」が存在するためには、その真逆の「左」がどうしても必要になります。「上」にしても同じく、「下」があるからこそ存在しうるのです。

〝そもそも〟なお話をするならば、私たちがこの地球に存在しているのは「男」と「女」がいるからですよね。

こんなふうにして、やはりどんなことに着目してもかならず、そこには「陰」と「陽」が存在します。

この概念を前提とすれば、人間とは「肉体」と「心（魂）」があってこその存在。そして、その人間が送る「人生」や「あなたに秘められた可能性」を語る上で、「生」と「死」は避けては通れないお話だということです。

つまり「誕生日占い」だけではどうしても人生を語りきれないのです。「誕生日」

と「命日」、両方の「時」に対する理解が必要だということになります。

実際に鑑定をしておりますと、ご相談者にとっての人生の大きな節目が大切な人の「命日」を境に訪れる、というのはよく見られることです。

「命日占い」は星が紡ぐ物語《ファンタジー》

続いて、2つ目のポイントについて。

そのポイントに触れるために、「誕生日占いだけでは人生を語りきれない」という点において、もう少しだけ私の考えをお伝えさせていただきます。

私は占い師ではありますが、「占いで分かること＝世界の真実」だとは考えていません。

それに、「予言」や「未来を言い当てること」に関しては、これっぽっちも魅力を感じません。

「命日占い」を発案したのも、占い師こそ、最高にクリエイティブなストーリーテラーになれるお仕事だと思ったからです。

私たち人間が「自分には未来を切り開く力があるんだ」と信じ、生きていくためには、物語の力が必要なのです。物語は私たちが「忘れていた何か」を思い出すのに役に立ちます。

これは私が幼い頃から持っていた感覚なのですが、さまざまな分野の専門家によって説明されていることでもあります。

「忘れていた何か」というのは、人生における過去の記憶に関するものだけではなく、「魂の記憶」として持って生まれてきた何かについてもそうです。

例えば、ここ数年の間に流行した映画に『アナと雪の女王』や『グレイテスト・ショーマン』があります。ご覧になった方であれば、

「ありのままの自分で生きるって素敵だなぁ」

「私は私でしかいられない。それは人間として美しいことなんだ！」

と、「大切な何かを思い出した」感覚があったのではないでしょうか。

表現は人それぞれだと思いますが、言葉にはならない、突き動かされるような、湧き上がるような感情があったのではないでしょうか。

その胸の奥で巻き起こる現象は、「物語」によってあぶり出されているのです。「物語」によって、私たちが普段気づいていない無意識の中（心の奥）にある〝何か〟が明るみに出たのです。


「命日占い」のベースになっているのは西洋占星術ですが、多くの方がご存知なのは、それをさらに簡素化した「太陽星座占い（12星座占い）」です。

いわゆる星占いですね。

全人類を12タイプに分けて、その星座の神話などから言葉が紡がれているものです。女性雑誌のコラムや、朝の情報番組で人気コーナーの1つとして、誰もが一度は目にしたことがあるでしょう。


でもよく考えみてください。占いに対して「ズバリ当てます！」だけを求めているのであれば、人類を大きく12分割しただけの「12星座占い」は、こんなにもてはやされるわけはありません。

２０２０年現在、地球上の人口は75億人を超えると言われています。これほど多くの人類を、たったの12分類に分けるなんてあまりにも精密さに欠けるからです。

ではなぜ人気があるかというと、読者の１人１人が、占いのメッセージに「星が紡ぐ自分の物語」を見出しているからです。もっと言えば、私たちは情緒豊かに語る「12星座占い」のコラムの中に希望を見出したいのです。

「今はうまくいってなくても、いずれ良くなるだろう」という物語だったり、「私にはまだ目覚めていない才能がある」という物語だったりを、「12星座占い」の中に探そうとするのです。そして、それら「星が紡ぐ物語の力」は、ただの物語（ファンタジー）で終わらず、現実の世界に転化させていくことができます。『アナと雪の女王』や『グレイテスト・ショーマン』が、そうだったように。

だからこそ物語の力でご相談者に新しい扉を開かせ、人生に希望や勇気を与えていくことこそが占い師としての役目であると考えています。

この「命日占い」も星の力を借り、天に旅立った大切な人と、あなたとの間にある物語を見出そうとする試みです。これまでになかった、全く新しい占いです。

「物語」を見出そうと鑑定していると、時折「星の神秘的な力」や「偶然の一致」に驚くことも少なくありません。

例えば、「ご相談者の誕生日と、大切な方との命日が同じ」だったり、「父親と祖父の命日が同じ」や「鑑定結果をお送りした日がご相談者の結婚記念日（故人がまるでお祝いしているよう）」だったり。ありえないようなことが幾度となく起こります。

そういった事例に出会うたびに、天に旅立った方の意志を感じ、神秘的な力を感じずにはいられません。

命日は、あなたにとって大切な人がもう1つの世界に旅立った日でもあります。

それゆえ、故人にとって大切な日であることは言うまでもありません。

ですが、見送ったあなたにとっても大切な日であり、あなただからこそ受け取れるメッセージがあります。

2人の間には忘れてしまった約束の物語がたくさんあるのです。目の前にいるからこそ伝えられなかったメッセージがたくさんあるのです。
そこで、この本ではあなたと故人の関係性を10個に分類しています。

1. 一心同体

2. 未来列車

3. 繋がる手

4. 北極星

5. 天の川

6. こだま

7. 合奏

8. パズル

9. 真っ白な紙

10. 天空の目

たったの10個です。ですが、実際の物語は「お別れ」の数だけあり、あなたにしか湧き上がってこない物語があるはずです。

「あなたの誕生日」と「大切な方の命日」から分類される関係性と、自然にあなたの心が反応する気持ちが合わさって「唯一の物語」が完成することでしょう。

あなたが物語を読んだ後に、何を感じるか、そして何を思い出すかが浮き上がって、初めて完成するのです。

すぐに浮き上がってこないこともあるでしょう。

じわじわ何かを感じる方もいらっしゃるでしょう。

大事なのはその物語から「故人との絆」を感じていただきたいということです。

そして、「心の中で故人との再会を果たしていただきたい」という祈りを込めています。

ケーススタディ

「20年前、何も告げずに自らこの世を去った父」

ここで、実際に「命日占い」の鑑定を受けた方に起こった「変化」について触れていきます。ご相談者は40代の男性Tさん。現在、ご自身で会社を経営されています。

「父は20年前、家族には何も言わずに自殺により天国へ逝きました。父が私に伝えたいことはなかったのでしょうか?」というご相談をいただきました。

Tさんにとってお父様は、男性として、社会人としてお手本のような存在だったそうです。生前はTさんと同じ経営者でいらっしゃいました。事が起きたのは、Tさんが社会人になって間もない頃。半年に一度起こる「日食」からまもない日でした。

Tさんが想像するに、仕事での失敗の責任を取るために「自死」を選んだのではないか、というお話でした。

「これからは父としてだけではなく、経営についても色々と教えてもらいたい」

そう思っていた矢先のこと。Tさんにとっては悲しみを感じることができないほどショックで、時が止まってしまうような出来事だったでしょう。

さっそくTさんの「誕生日」とお父様の「命日」についての星の配置を読み解いていきました。すると「ああ、やっぱり」という符合が見つかりました。

P22でご紹介した10分類で言うと、2人の関係性は「真っ白な紙」。

Tさんの人生は、「経営」という意味でお手本にもなりうる人を亡くしたことで文字通り「真っ白な紙」となったのでした。

それからのTさんの人生は、まるで追い討ちをかけるように、そして「真っ白な紙」を無理やり埋めるように、壮絶な出来事の連続でした。事業に失敗し借金、最愛のパートナーとの離婚も経験されたそうです。

そんな現状をお父様のせいにしたことも幾度となくあったと言います。

ところが転機を迎えたのが２００６年のこと。Tさんは、人生を変えるような重要なメンターと出会われます。

そのメンターと出会った日の星の配置図を見ると、天にいるお父様がサポートしている図が浮かびあがってきました。まず、このメンターと出会われた年は、Tさんの「誕生日」の土星のもとに、実際の土星が回帰する「サターンリターン」でした。占星術的には「一人前の大人になる」ための重要な節目といわれます。

これだけなら一般の占星術的な一致なのですが、さらに、その2つの土星の重なりの上に、お父様の命日が持つ「日食の太陽」が重なっていたのです。

注目すべきは、この「土星」と「日食」の交わりです。土星は、占星術的には「人生のゴール」の意味合いを持ち、古い占星術において日食は「王の死と再生」を意味します。

Tさんにとっての「王」とは紛れもなく、お父様のことです。そして、そのお父様がTさんへ「人生のゴール」だと言わんばかりに、メンターと出会うことをサポートしているのです。

では「死」と「再生」は何を表しているのでしょうか。「日食」というのは一見すると、光が影に転じるような現象です。ただ、実際の太陽がそうであるように、日食を終えると、光はかならず元に戻ります。

つまり一度「終わり」を迎え、また「再生」へと向かうのです。それはまるで一度真っ白になった紙に、新しい物語を綴っていくかのように。もっと言えば、新しい物語を綴るために真っ白になったとも言えるかもしれません。

さらに、占星術における土星は、一人前の大人になるために必要な「父の目」と表現されることもあります。お父様は、自分に代わるメンターと出会うまで、ずっとTさんを見守っていたのです。

人生を変えるメンターとの出会いがあった2006年。「サターンリターン」によって一人前の大人としての節目を迎えられたTさんでしたが、それまでの道のりを天のお父様も共に歩いてこられたと言えるでしょう。

Tさんの「一人前になるためには社会でどう生きればいいんだろうか」という思いにお父様のサポートが入り、「Tさんの人生に大きな影響を及ぼす師匠との出会い」という形で地上に現れていたのでしょう。

鑑定文をカフェで1人で読まれたTさんはその場で周りの目も気にせず、涙されたそうです。そしてその後、私にこうお話しくださいました。

「ようやく泣けます。やっとハートが全開になった感じがします。

そしてなんか自信が湧いてきました。

事業に失敗して借金したことも、離婚を経験したことも、

今思えば必然だったんです。

だって、その出来事がきっかけとなり、

〝どうにか人生を変えたい！〟とたどり着いたのが、

２００６年に出会ったメンターだったのですから。

例えば事業がうまくいっていれば、

それはそれで幸せな人生を送れていたかもしれません。

でも、僕は今の人生のほうがよっぽど愛着が持てます」

実際にTさんの顔色は紅潮し、全身にエネルギーが巡っていることが分かりました。

今まで20年間かけてご自身でしっかりお父様の死と向き合われてきたTさん。彼の

言葉をお借りすると「日食のはしっこに残っていた燃えかすが、なくなったみたいだ」とのこと。

20年前に閉じられた自分の可能性の扉を少しずつ開き、20年目の全開になる時に「命日占い」と出会っていただいたのも、お父様の計らいだと私は確信しています。


さて、ただでさえ受け止めがたい「命日」をテーマにした一冊なのに、私はあえて本の冒頭で「自殺」の事例を取り上げさせていただきました。

それはこの本を書く前に、２００件のお別れに取り組ませていただいたのですが、「自死でお別れをした」というケースが私の想像を遥かに超えて多かったからです。

つまり、この本を書く以上、目を背けてはいけないことだと実感しました。

「命日占い」という取り組みは私にとっては違和感のないものです。ただこれは、「死」をテーマとした占い。科学者でも宗教家でもない私が取り組んでいいものかどうか、葛藤が起きはじめていた時期があります。Tさんの相談は、そんな葛藤への答えにもなり、「死と向き合うこと」は、「自分を生きるため」に必要なことなのだ、と確信を得ることができました。

大好きな舞台のセリフに
こんなものがあります。

「子供の時から泣いたことなんてなかったから、
涙の止め方が分からんのだ」

「簡単ですよ。いっぱい泣けばいいんです」

そう。いっぱい泣けばいいんです。
でも、悲しすぎる時は
悲しいことを感じるのも嫌だから
ぎゅっと口をつぐんで
泣くのを我慢しちゃいます。

大丈夫。泣けばいいんです。

だって悲しいんだもの。

私たちには泣くしかできない時があります。

ただそれはこうも言えます。
この世にいる私たちは
たくさん泣くってことができます。

そして、たくさん泣いたら
「たくさん泣いても大丈夫だ」
ってことに少しずつ気づきます。

心の奥の喪失感は簡単には消えません。
だけど、泣き疲れた時、
微かに温かいものが
ほんの少しでも胸に宿れば、
それはサイン。

「私はいつでもここにいますよ」
という天からのサインです。

ふと夜空を見上げて
星を見た時に、
その人のことを思い出したら
それもサイン。

「私はいつでも見守っていますよ」

という星からのサインです。

そして少しずつ
「死は終わりではない」
そんなふうに思えるかもしれません。

あなたとその人の物語は
終わっていないのです。

Contents

Chapter 0

「命日占い」で、大切な人との隠された繋がりを見つける

Chapter 1

一心同体

Chapter 2

未来列車

Chapter 3

繋がる手

Chapter 4

北極星

Chapter
5 天の川

Chapter
6 こだま

Chapter

7 合奏

Chapter

8 パズル

Chapter 9

真っ白な紙

Chapter 10

天空の目

Chapter

0

「命日占い」で、大切な人との隠された繋がりを見つける

大事な人の「命日」と、あなたの「人生」はシンクロする

大切な人とのお別れに対して心の落とし所を見つけるため、なぜ「占い」を用いる必要があるのか。

それは「占い（占星術）」の成り立ちが深く関係しています。

「占い」の語源は「うら」＝「裏」＝「目には見えない心」を指します。

現代の私たちにとって占いは「未来を言い当てるもの」というイメージが定着していますが、そもそも「見えないものを観察する」という意味なのです。そして、この真意こそが占いのベースとなり、「はじめに」でもご紹介した「表があれば裏もある」「目に見えることもあれば見えないこともある」という考え方を生み出しています。

さらに面白いのは、「命日占い」の土台になっている西洋占星術の思想では、この「表裏」が「上下」として語られているということ。次の一文は、現代まで4000年も続くと言われる西洋占星術の基盤となっている思想です。

「下にあるものは上にあるもののごとく、
上にあるものは下にあるもののごとし」
(as above, so below)

さて、「上」と「下」とは、一体何を指していると思いますか？　もしかするとここまで読んだ方はピンときている方もいるかもしれません。
「上」とは天上界（あの世）のことを、そして「下」とは人間界（この世）のことを指しています。そのことを前提として、先ほどの〝一文〟を言い換えてみると……

「人間界（下）にあるものは天上界（上）にあるもののごとく、
天上界（上）にあるものは人間界（下）にあるもののごとし」

となりますよね。

つまり、占星術的に見ると、「上」にあたる天上界の出来事と、「下」にあたる人間界の出来事はシンクロしている、ということになるのです。

実際に昔の人は月の満ち欠けに沿って農耕を営みました。

土の下に伸びる大根などの根菜類は、月の光が「下る（陰る）」とされる満月から新月の時期にタネを蒔き、上に伸びる果物などは新月から満月の間にタネを蒔くとよく育ったそうです。

また、「愛と美」をつかさどる金星は、実際に天で一層美しい光を放つ星です。その金星が自分の生まれた日の星に巡ってくる時、その人は実際に美しくなったり、人から注目されたり、といったこともあるのです。

それら天と地のシンクロに始まり、私たちの祖先は「地上」のあらゆることを、「天」と結びつけてきました。

もちろん今もなお、「星の配置」は私たち「地上のすべて」とシンクロし、「あの世のこと」は「この世のこと」とシンクロしています。

そういうわけで、大切な人の「命日」にシンクロし、あなた自身の「生き方」が炙りだされるのは、なんら不思議なことではないのです。

実際、冒頭のTさんは鑑定後「自信が湧いてきた」とおっしゃり、自分を可愛がってくれたおばあさんを亡くされた方は鑑定後に自分の中の「愛し、愛される力」を思い出したそうです。

悲しむことは今もなおできる故人への愛情表現

私はもともと神秘的なカードを使うタロット占い師からこの業界に入り、西洋占星術への取り組みを始めました。ちょうどこの本を書いている2020年で鑑定歴は丸25年になります。細く長く続けてまいりましたが、約1万5千件のお悩みに向き合ってきたという経緯があります。

多くの方のお悩みに触れてきたわけですが、とりわけ対人関係の相談が多く、悩みの内容も深く、時に長引くことが多かったように思います。

そういったお話に触れていますと、夫婦、親子、恋人、兄弟、友人、仕事の仲間関係など、さまざまな人間関係の中で私たちは生きており、決して1人で生きていないことに深く気づかされます。人とあまり関わらなくてもいい生活をしていたとしても、誰かの影響を避けることができないのが人間です。

よく「私は誰にも頼らず1人で何事も決めてきました」という方がいらっしゃいますが、それも厳密にはあり得ません。その方の決断には、その人の考え方を育てた両親や先生、さまざまな方の価値観や感情が影響しているのですから。

これらのことから言えるのは、私たち人間（魂）は一枚の布のような関係で繋がっているということ。2人を繋ぐ「絆」という名の糸が何本も織り合わさって一枚の布を作るのです。

そしてその布は「死によるお別れ」で消滅することはあり得ません。

あなたに影響を与えた人が天に旅立ったとしても、その方からもらったエッセンスはあなたの中で生き続けますよね。あなたと故人を繋ぐ糸は時空を超えて、あの世とこの世にまたがって繋がっているのです。

あなたがこの世で糸を揺らせば、それは故人に届いています。逆に故人があの世で布を揺らせば、あらゆるサインとしてあなたのもとに届きます。

ただ、ここで問題が起こります。

別れは突然起こることがほとんどで、そのショックで残された私たちは、その糸を一方的に切ってしまうのです。もしくは「切れた」と思い込んでしまうのです。

なぜなら生前は、肉体を通じて目に見える形で絆を感じることができましたが、それが突然なくなってしまう現実が受け止められないからです。

そうでなくとも、絆を感じようとすればするほど、「もうこの人は、この世にいない」という喪失感を強く感じてしまいます。

2人の間に愛があればあるほど、残された私たちにとっては耐え難いことなのです。

私が「命日占い」にこだわる理由がここにあります。

大切な人とのお別れを経験した多くの方が、故人との肉体的な別れによって、まるで自分の一部を失うかのような悲しみを味わいます。幼い頃、従姉妹を2人同時に亡くした私もまさに同じ経験をしました。

そして多くの方が、身を引き裂かれるような痛みから逃げるように、故人との絆を封印してしまいます。思い出さないように心の奥底にしまいこんでしまうのです。

つまり、その人との「時間」を止めてしまうということです。

ある時、幼いお孫さんを亡くされた女性に鑑定結果のメールをお送りした後、このようなお返事をいただきました。

「この度は鑑定いただき、ありがとうございました。
何度も何度も読み返し、何度も何度も泣きました。
実は、あまり泣いていませんでした。
というか泣けませんでした。
母親である娘も泣けてないかもしれません。

夫は事あるごとに、声を出して号泣する始末。
横で私は泣けませんでした。
今回の鑑定により、泣けたことに感謝します」

悲しみを無理やり押し込んだ心の蓋が開き、この方はようやく涙を流すことができました。

もちろん泣けたからといって、すべての思いが浄化できたわけではありません。ですが、鑑定をしていますと、人として自然に起こる「悲しみ」さえ我慢してしまい、故人に対する一切の感情を凍らせたままの方も少なくありません。

悲しむことは、故人への愛情表現です。
自分らしく悲しみを表すことが絆の形なのです。

もう1つ、鑑定させていただいた方の声をご紹介させていただきます。記憶もないくらい幼い頃にお母様を亡くされたご相談者が、このようなエピソードをシェアしてくださいました。

「物心がつくと、『どうして私にはお母さんがいないんだろう』
という想いが心の中で渦巻いていました。
漠然とした寂しさからか私は
『ママとわたしのだいじなもの』と書いた小箱を作って
母の写真や宝物を偲《しの》ばせておきました。
ですが、同居していた祖母に気づかれ、
『そんなんやめとき』と言われてしまいました。
亡くなった人のことはいつまでも考えてはいけないんだ、
とその時から心に蓋をして生きてきました。
そして、心を埋めるようにさまざまな占いやおまじないなどを
自分なりに試して今まで生きてきました。
今思うと、その時の私はどうにかして
母と繋がりたいと、思っていたのかもしれません」

誤解のないように申し上げると、このおばあさまも悪いわけではありません。娘さんに会えなくて、会いたくて会いたくて悲しいのです。「ママとわたしのだいじなもの」という絆を目にすると思い出してしまうから辛いのです。だから「糸」を切ってしまったのです。

人は受け止めがたい別れと出会うと、時として心や家族の中から「消す」ということで悲しみに対応しようとしてしまいます。

その結果、この女性の心の中にある「お母さんとの絆」が育まれる時計が止まってしまいました。それはどこか「自分のアイデンティティが欠けた状態」でもあり、魂の中に空白のようなものができたことでしょう。

「わたし」を作った母の居場所が心の中にないのは、しごく不自然なことなのです。

このご相談者のように血縁関係は特にそうですが、そうでなくても自分の人生に大きな影響を与えた人との別れは、自分の一部を喪失することと同じです。

しかし何度も言うように、故人とは一枚の布で繋がっており、絆はまだ生きつづけています。ですから、無理に忘れよう、蓋をしよう、としなくてもいいのです。

むしろ矛盾しているようですが「お別れを受け入れる」ことで、あなたの心の中にその人の居場所が設けられ、故人との絆を取り戻すことができます。

よく「命日占い」を受けてくださった方からは「胸に温かいものが戻ってきたような気がします」とおっしゃっていただきます。

そんな言葉を聞いて、「ああ、絆に血流が戻ってきた。良かった！」といった感覚になり、私まで温かい気持ちになります。きっと、それは私もその方と同じ「一枚の布」の中にいる人間だからだと思います。

「命日占い」は私たちが「幸せになるため」の占い

よく勘違いされるのですが、「命日占い」は、故人の「死の原因」や「無念がなかったかどうか」「成仏されているかどうか」を探るものではありません。命日占いは故人のためのものではなく、あなたが「幸せに生きていくため」の占いに他なりません。

中には、

「喧嘩したまま別れました」

「故人の冥福を祈りたいのですが、生前にされたことが許せません。死んだ人に憎しみの心を持っている私は悪いのでしょうか」

「故人に対して私はもっとできたことがあるのではないか。故人は怒っていないだろうか」

といったご相談もありました。


この時に大切なのは、どんな感情であっても、その思いを介して本当は、故人と繋がりを持ちたい、と願っている自分に気づくことです。

「恨み」でさえ、もとをたどれば、「愛」です。「大嫌い」「恨み」というネガティブな感情の裏には、それほどまでにして故人と繋がりを持っていたいという愛があるとも言えます。

ただし誤解のないようにお伝えしておきたいのは、私は「命日占い」を通して、死を必要以上に美化したいのではないということ。

無理やりこの「命日占い」で「死を受け入れましょう！」「悲しみをがんばって乗り越えましょう！」と訴えたいのではありません。ましてや「誰かを許しましょう」と訴えたいわけでもないです。

私は自分の経験や占いを深く学ぶことを通して、「生」は魂という存在から見ると「片側だけ」だということを知りました。

何事も裏と表があります。大切な人との別れを悲しむだけ悲しんだら、前を向いて歩いていくことも私たちの魂は望んでいるということです。

その潜在下に隠れた望みにも気づいていただきたいという思いがあります。

だからこそ「生」の裏にある「死」、もしくは「死」の裏にある「生」をありのままに、恐れることなく、まっすぐに見つめていくことが大事だとお伝えしたいのです。

ここでそんな考えに至るにあたって、私に大きな示唆を与えてくれたメッセージを、

2冊の本から抜き書きしてご紹介させていただきます。

〝「人には霊魂がある」という考え方を受け入れたらどうでしょう。「人は必ず死ぬのは確かだけれど、人間にとって死は終わりではなく、魂は永遠に生き続ける」……。この考え方は、現代人にとって大きな救いとなるのではないでしょうか。〟

＊『人は死なない』矢作直樹著より抜粋

〝生きることは良いことでもなければ、悪いことでもありません。単にいましばらくの間、私にとって開かれているというだけです。しかし、すべてが参加している全体―〈いのち〉―は、生命を超えるものだと私は確信しています。それはまた、死も超えている。こうみると、生と死は単に存在の二つの形である。〟

＊『いのちの営み、ありのままに認めて：ファミリー・コンステレーション創始者バート・ヘリンガーの脱サイコセラピー論 完全復刻版』バート・ヘリンガー著、谷口起代翻訳より抜粋

この2つのメッセージからも分かるように、「死」は終わりではありません。そして、「生」も「死」もどちらが特別だということもなく、どちらも私たちにとっては大切な節目なのだ、と考えることが自然ではないでしょうか。

そこで「命日占い」によって紡ぐ物語は「受け入れがたい別れ」と「生と死が同じところに存在しているという宇宙の真実」の間を埋めるものとしてありたい、と考えています。

占星術的に見て「生きる」とは何か？

「命日占い」という死後の世界を扱うテーマをお伝えする以上、そもそも「生きる」とは何か？　についても触れておく必要がありますよね。

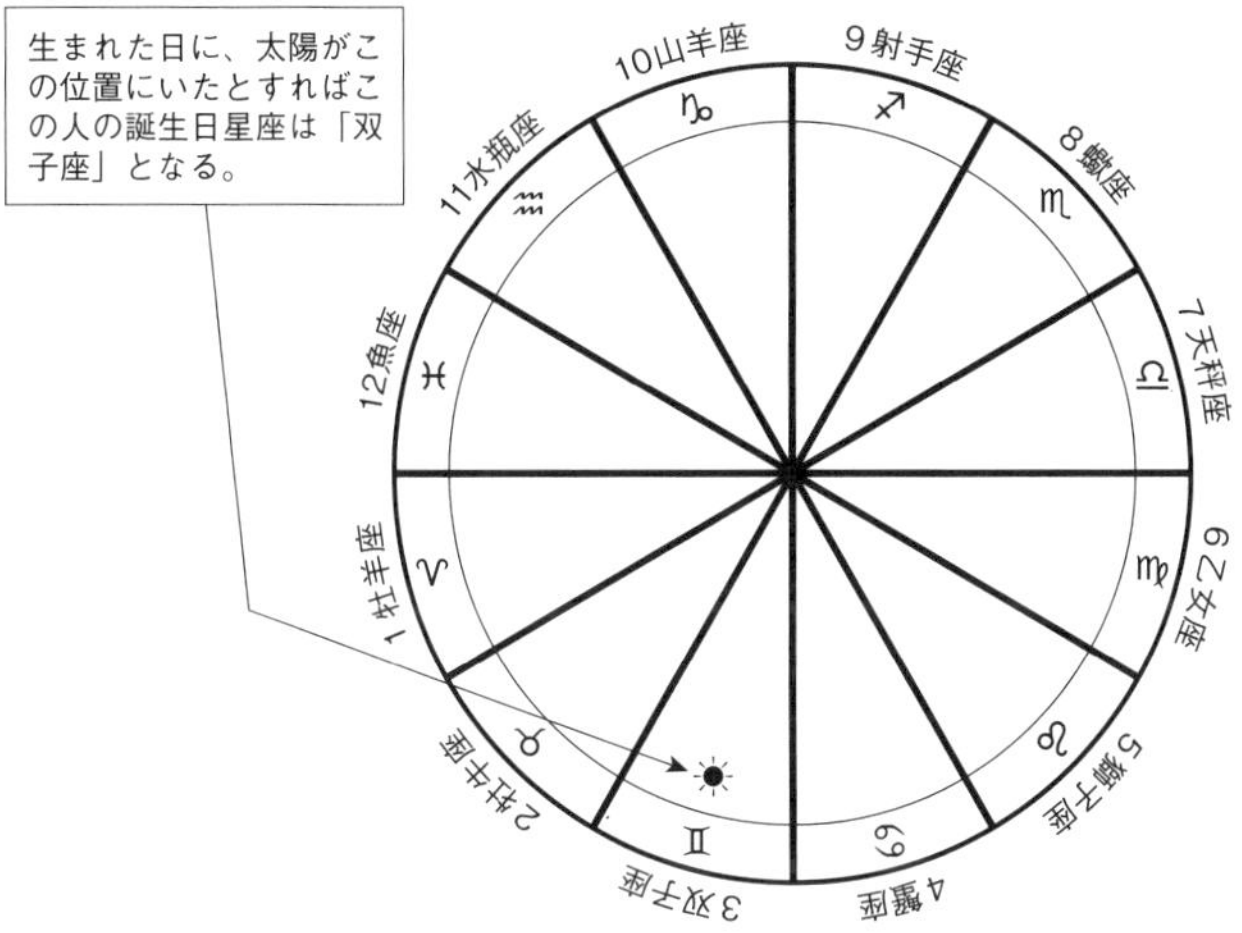

古代から現代に至り語り継がれている西洋占星術は、10個の惑星、そして12個の星座をすべて人間の意識や肉体と結びつけて考えてきた営みです。

西洋占星術では、ぱっと天を見上げた時の星の配置が、地上にいる出来事、そして私たちの心と同じ波長で響き合っていると言われています。

そんなことから私たち占い師は星の配置をひもとくことで、ご相談者の人生までもが分かるというわけです。

このことについてもう少し詳しくご説明させていただきます。

西洋占星術では、ぱっと見上げた時の

天空には12個の部屋（＝星座）があると考えます。

この12個のお部屋には、皆様が誕生日占いでよく聞くであろう、牡羊座、牡牛座……と名前が付けられています。そして、占いたい「時」の太陽がどの部屋で輝いていたか？　を見て、占うのが基本となっています。

なぜ太陽の位置を見るのかというと、太陽は「魂そのもの」を象徴する天体と考えられているからです。

これが西洋占星術の仕組みです。


例えば、あなたの誕生日星座が「双子座」だった場合、P57上の図で言うと、誕生した日、双子座のお部屋で太陽が輝いていたことになります。あなたの魂は「双子座」というカラーを持っているということです。

この方法を活用し、「命日占い」は、「命日」の時に太陽が輝いていた部屋をもとにうらなう占いです。


さらに今回は詳しい解説は省きますが、占星術では太陽や月、そして水星、金星、火星、木星、土星、天王星、海王星、冥王星の10天体がどこの星座の部屋にいるか？を扱って1人の人間を読み解いていきます。

それら10天体の中で、「太陽」は、私たちそのもの……つまり魂そのもののことを言うと、先ほどお伝えさせていただきました。そのことに加えて、魂が「太陽」ならば、その魂が地上で過ごす「人生の時間」は、「土星」が表していると言われています。

もっと言えば土星は、地上のあらゆるものが「制限の上に成り立っていること」を表す星です。なぜなら土星は、天王星より向こう側の星たちが発見されるまでは、宇宙の果て、すなわち限界（制限）の象徴だったからです。

では、地上に生きる私たちの人生にとっての制限とは何でしょうか？

それは寿命（死）です。

有限の命を持って、この世で生きているのが私たちです。「土星」という時間の神様に見守られながら……言い方を換えれば、見張られながら生きていくのが「人生」です。

私たちは「魂＝太陽」が表す目的を持ち、「肉体＝土星」という制限をもって、この地球に生を受けた旅人、と言うこともできます。
そして肉体はいつか朽ち果て、万人にかならず訪れるのが「死」です。

これらのことから、もし率直に「生きることとは何でしょうか?」と尋ねられれば、占い師としては「死ぬまでの期間」と答えてしまうことになります。これでは無機質な気もするので、もう少し厳密に言うと「寿命が訪れるまで、自分の人生を幸せに過ごすこと」です。

有名な童話『モモ』という作品の中で、こんなセリフがあります。これはモモという主人公がマイスター・ホラという時間をつかさどる老人に質問する場面です。

〝「あなたは死なの?」
マイスター・ホラはほほえんでしばらくだまっていましたが、
やがて口をひらきました。
「もし人間が死とはなにかを知ったら、こわいとは思わなくなるだろうにね。

そして死をおそれないようになれば、
生きる時間を人間からぬすむようなことは、だれにもできなくなるはずだ」〃
＊『モモ』ミヒャエル・エンデ著より抜粋

このやりとりの中では、人間は「死」「死による別れ」を時として必要以上に恐れる生き物であることも表現されています。それに対して、土星的な役割を持つマイスター・ホラは、

「死をしっかりありのまま見つめることで、制限ある時間の中で、ありのままの自分を生きることができる」

というメッセージを伝えてくれているのではないかと私は捉えています。

つまり「太陽」のように自分の命を輝かせて生きるには、「土星（寿命という制限）」を必要以上に恐れず、ありのままをしっかり見つめることが大事だということです。

さらに、心理的な解釈を加えた最近の占星術では「土星」は私たちの「闇（シャドウ）」を表すと言われています。

「太陽」が光なら、「土星」は闇です。

光あるところに闇は生まれます。

闇があるから光があります。

そういう意味で、私たちの命の輝きは裏を返すと闇とともにあると言えましょう。

それが人生なのです。そういう意味で、「誕生日」と「命日」も表裏一体です。

ですから死を否定したり、闇をなかったことにしようとするのは、どこか生まれてきたことや、現在ある光（生）を否定してしまうことにも繋がるわけです。

ただ、死への恐れがあってはいけない……というわけではありません。私だって死は未知の世界すぎて恐れを感じますし、愛する人とのお別れは嫌です。

しかし、「死」というお別れがあるからこそ今を愛おしく思うのだし、誰かとの時間をかけがえのないものと思えるのも事実です。

「生きること」の特別さは、「死ぬこと」があって初めて生まれるのです。

「命日」とは、故人の「第2の魂の誕生日」

故人との繋がりが今もなお存在することや、生きることの意味をお伝えし終えたところで、「命日占い」について、もう少し踏み込んだお話をします。

故人はなぜ〝その日〟に亡くなったのでしょうか？　もっと言えば、なぜ〝その日〟に亡くなる必要があったのでしょうか？

そう言うのも、冒頭でお伝えした通り「命日占い」のご相談を受けていると、「故人が亡くなった日とご相談者の誕生日が一緒」であったり、それこそ「大事な人が全く同じ日に亡くなった」であったりと、〝たまたま〟では語りきれないケースがあまりにも多くあるからです。

答えから申し上げますと、その日に亡くなられたことにはかならず意味があります。

もちろん「死」「生命」は神聖であり、深遠なもので、私たち人間が、完全な意味を理解することは難しいでしょう。

しかし、厳密に言うと、大切な節目としての「死」から、私たちにとっての真実を見つけることができるのです。そのことを腑に落とすために、まずは「命日」について考察していきたいと思います。


そもそも「命日」というのは仏教の言葉です。

その方が亡くなられた日のこと、または毎年訪れる月日のことを言います。

本書で使用するのも、この故人が亡くなった年月日のことを指します。


そして、「誕生日」はこの世に生まれた日。

「命日」はあの世へ旅立つ日です。


誕生日は、宇宙（星）があなたを「この世に生み出そう」と意図した日。

命日は、宇宙（星）が故人を「あの世に送り出そう」と意図した日と解釈します。

つまり、「命日」とは魂のもう1つのお誕生日だと言えます。

このことについて、命日と誕生日にまつわる深い関わりを感じるエピソードがあります。

ホーキング博士の「命日」がアインシュタイン博士の「誕生日」で、なんとホーキング博士の「誕生日」はガリレオ・ガリレイの「命日」なのです。「宇宙の成り立ち」をひもとこうとした3人が、こうも「命日」と「誕生日」で繋がっているのは、何かしらの宇宙的な意味を感じます。

実際の鑑定でも、「私の誕生日が父の命日になりました」とか、「夫婦の結婚記念日が夫の命日になりました」というケースも拝見しました。

また、祖母と母の命日が同じ、というケースや、生没同日と言って誕生日と命日が同じ日であるケースもあります。

何かしら宇宙の意図がそこにあるとしか思えません。

生まれた日をうらなう誕生日占いと同じように、「天国に旅立たれた日」が占い的に意味を持つことは何も不思議なことではないのです。

「命日」とは、「遺族の新しいテーマ」が現れる日

もう1つ、「命日」は生きている私たちに大切なことを教えてくれます。

それは、あなたにとって大切な人との別れは、あなたとその人の関係性だけではなく、あなた自身の人生の大きな節目であり、そこから始まるテーマがあるということです。

「命日占い」は決して統計学的な見地から導き出したものではありませんが、それでも不思議な符合があります。

例えば、詳細な西洋占星術的な観点から見ると、ご相談者にとって「人生の節目」

となる星の配置が人生には何度か訪れます。

さらにその節目の時期と、大切な人との別れの時期が重なることが度々あるのです。

これはさまざまな方の鑑定を通して、さらに自分の体験からも感じていることですが、私たちが人生の中で出会う人、育む絆にはすべて意味があると考えています。2人の魂の間での約束があり、それを果たすために出会っているのではないかと思うのです。

そして、どちらかが天にひと足早く帰った後もその約束は続いています。

大切な人があの世に行くということは、先述した一枚の布を通じて繋がっていた「糸」を改めて繋ぎ直していくことだとも言えます。

つまり、この世にいる私たちにも生きる上で新しいテーマが生まれる、と考えます。

そういうわけで出会いも別れも、そこには大切なメッセージがある、ということなのです。

悲しみを乗り越えるためには どうしても時間が必要です

さて、「命日占い」は、故人とのお別れから、生きている私たちが何かを学び取り、絆を思い出すためにあるということをお伝えしてきました。

いよいよ実際に占いを実践していただきたいと思いますが、その前にもう1つだけお伝えすべき大切なことがあります。

それは「お別れを悲しむ時間」です。

「死」を受け止めるにはどうしたって時間が必要です。

私は特に特定の宗教を信仰していませんが、多くの家庭で営まれている仏教の法事と法要には「初七日」とか「四十九日」「一周忌」といったものがあります。

これらのシステムは私たちが喪失体験を乗り越えるには、とても理にかなったものだと感じています。

悲しみを癒すには、最初は7日、そして49日と……段階的な時間の経過が必要だからです。その度に身内が集まり、悲しみを分かち合い、故人を偲《しの》ぶというのは生きている私たちにとって必要な営みに思います。

ところが、鑑定にいらっしゃる方の中には、P48でご紹介したご相談者のように、大切な方を亡くされた直後から「私が泣いてはいけない。しっかりしないと……」と気を張ったまま何年も悲しみを表現しないまま過ごされていることが非常に多いのが現状です。

しかし、そうやって必要な悲しみを無視して過ごすと、人生を前に進めるエネルギーが失われていきます。

私たちの感情システムは「悲しみだけ抑えて、喜びだけを感じる」という便利な仕組みにはできていません。そのため、悲しみという感情を抑えてしまうと、喜びの感情も同時に抑えてしまうのです。

ですから、いっぱい泣けばいいんです。

信頼できる身近な方に、時には心の専門家、セラピストと呼ばれる方の力を借りて、しっかり悲しむことが何より大事なのです。

ただし死を受け止めることは、決して焦るものではありません。もちろん受け止められない自分自身を責めなくても大丈夫。何度も言いますが時間が必要なのですから。

小さな子は、ひとしきり泣いた後、大抵の場合、泣き疲れて寝ます。もしくはお腹が空いて必死に食べます。

私にも一人息子がおりますが、彼が小さい時もそうでした。そんな息子の姿を見るたび人間本来の生きる力を実感しましたが、それと同じ力が私たちにもあります。だから、安心して悲しんでください。……と言っても涙を流して泣くだけが悲しみの表現ではありません。泣いてもいいし、ただ心の中でじんわりと悲しみを受け止めるだけでも十分です。

ひとしきり悲しみを乗り越えた後でも、故人を思い涙することもあるでしょう。でも、その涙はお別れ直後の涙とは少し違ったように感じられるかもしれません。

悲しみの感じ方も受け止め方も、人それぞれです。

力はその後にかならず生まれます。

そして、悲しみを乗り越えるためにこの「命日占い」がお役に立てると嬉しいです。

悲しみの真っ只中にいる方へ

「悲しみを乗り越えるための時間」についてお伝えしたものの、大切な方を失ったばかりでこの本を開いている方もいるかもしれません。もしくはお別れが辛すぎて、ただただ現実から目を逸らしたいという方もいるかもしれません。

そんな方はまず、次の5つのことだけを心に留めておいてください。

・「死」を頭で理解することはできても心はゆっくりです。決してなんとか乗り越えようと急がないでください。
・悲しみを感じること、表現することが必要です。そのための安心が必要です。周囲の助けを受け入れてください。
・もしくは、身内、友人や知人に助けを求めてそばにいてもらってください。

・そっとしておいて欲しい時は、それも伝えて大丈夫です。ただ辛い時は自分から、助けを求めることだけは忘れないでください。
・思い出を繰り返し反芻《はんすう》することは悪いことではありません。あなたの助けになります。

なおChapter1からChapter10でも、「もしも悲しみに飲み込まれそうになったら」という項目があり、悲しみの向き合い方について書いています。そちらも参考にしてくだされればと思います。

ただしこの本は占い師として「生死に対する1つの捉え方」を提案するものであり、喪失体験のケアの専門家として書いているわけではありません。

ですから生きることすら苦しいくらいの悲しみに飲み込まれているなら、専門家のサポートを迷わず頼っていただくか、この本をそっと閉じ、次の1冊をお読みいただくことをお勧めします。

『家族を亡くしたあなたに―死別の悲しみを癒すアドバイスブック』キャサリン・M・サンダーズ著

アメリカの心理学者キャサリン氏の著書で、読みやすい言葉で綴られています。しっかりとした30年のカウンセリング経験と自身の喪失体験（彼女自身息子を若くして亡くしている）をもとに書かれています。

体験、調査、臨床的な考え方、だけの本がほとんどですが、彼女は「魂」という視点をとても大切にしているところが素晴らしい1冊です。

喪失体験をした方にとって、必要なことが丁寧にすべて書いてあります。もちろん亡くした方が家族でなくても参考になる内容となっています。

「命日占い」で分かる10個の故人との関係性

さて、それではいよいよここから実際にあなたと、天に旅立った大切な人との関係性を読み解いていきましょう。星同士の配置から編み出したのは、10個の物語。あなたと故人の絆の物語がどれにあたるかは、あなたの「誕生日」と故人の「命日」が分かれば導き出すことができます。

1 一心同体……

2 未来列車……

3 繋がる手……

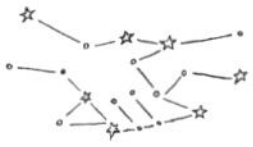

4 北極星……

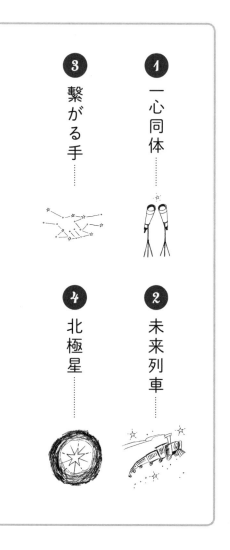

5 天の川……

6 こだま……

7 合奏……

8 パズル……

9 真っ白な紙……

10 天空の目……

※なお、この「命日占い」は学術的な蓄積の上に成り立つ占星術ではなく、占星術にヒントを得た占い師である著者自身の祈りを込めたオリジナルの物語であること。著者が普段故人鑑定で用いている、歴史的な海外／国内占星術の研究家、実践家の方との取り組みとはまた違ったアプローチであることをお断りしておきます。

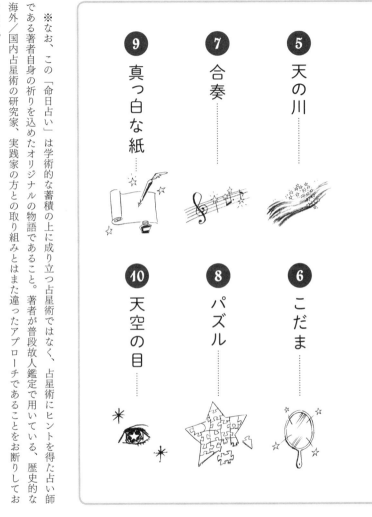

本来「お別れの数」は、無限に存在します。「命日占い」は、それらのお別れをたった10個に分類したもの。ですから、この10個それぞれは故人との間にある物語の「半分」にも満たされません。

ただ、これらの物語を〝きっかけ〟として、続きの物語は未来へ向けて、あなた自身が描いてくだされればこんなに嬉しいことはありません。

そして、何度も申し上げている通り、「命日占い」は、無理に悲しさや大切な方を失った悲しみを乗り越えようと背中を押したいわけではありません。

ただ私たちは「死」をあまりにも心の奥底にしまいこみ過ぎてしまいます。そこで、生も死も人間にとって大切な節目であることを思い出すお手伝いが「命日占い」にできればと考えています。

この「命日占い」が、時間をかけてゆっくりと故人との絆を取り戻すきっかけになることをお祈りしております。

「命日占い」のうらない方

［星座早見表］

牡羊座	3月21日～4月19日
牡牛座	4月20日～5月20日
双子座	5月21日～6月21日
蟹座	6月22日～7月22日
獅子座	7月23日～8月22日
乙女座	8月23日～9月22日
天秤座	9月23日～10月23日
蠍座	10月24日～11月22日
射手座	11月23日～12月21日
山羊座	12月22日～1月19日
水瓶座	1月20日～2月18日
魚座	2月19日～3月20日

その年によって星座の変わり目が前後することがあります。星座の最初、もしくは最後の日の方で厳密に算出したい場合は、こちらのサイト（http://meinichiuranai.com/）にて故人との関係性を診断できますのでご活用ください。
診断サイトを利用できない場合は、星座早見表に該当する星座で診断ください。

ステップ1 **まずはあなたの「誕生日星座」を右の表より確認してください。**

あなたの誕生日の星座は
「　　　　」座

★

実例：オノ・ヨーコ氏の生年月日は、１９３３年2月18日。右の表から該当するところを確認すると「水瓶座」の最後の日となります。星座の最後の日（もしくは最初の日）の場合は、その年によっては隣接する星座である可能性もありますので、厳密に算出したい方は、診断サイトをご使用ください。

ステップ2

次に魂の関係性を知りたい故人の「命日星座」を右の表より、確認してください。

故人の命日の星座は［　　　　］座◆

実例：オノ・ヨーコ氏の亡くなった夫、ジョン・レノン氏の命日は１９８０年12月8日。右記の表から該当するところを確認すると「射手座」となります。

ステップ3

左の表より★◆が交わるところを確認してください。交わったところに書かれたものが、あなたと故人の絆を読み解くテーマとなります。

私の誕生日の星座は「　　　　」座★

故人の命日の星座は「　　　　」座◆

実例：オノ・ヨーコ氏の誕生日星座「水瓶座」とジョンレノンの命日星座「射手座」の関係は「未来列車」となります（横軸＝自分の誕生日星座、縦軸は命日の星座）。

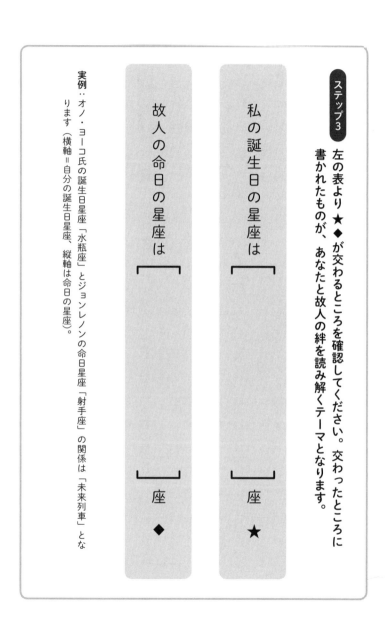

◆故人の「命日星座」◆

★あなたの「誕生星座」★

あなたの「誕生星座」＼故人の「命日星座」	牡羊座	牡牛座	双子座	蟹座	獅子座	乙女座	天秤座	蠍座	射手座	山羊座	水瓶座	魚座
牡羊座	一心同体	繋がる手	繋がる手	北極星	こだま	パズル	天空の目	パズル	こだま	北極星	繋がる手	繋がる手
牡牛座	未来列車	一心同体	繋がる手	繋がる手	天の川	こだま	パズル	天空の目	真っ白な紙	こだま	天の川	繋がる手
双子座	未来列車	未来列車	一心同体	繋がる手	繋がる手	北極星	合奏	真っ白な紙	天空の目	真っ白な紙	合奏	北極星
蟹座	天の川	未来列車	未来列車	一心同体	繋がる手	繋がる手	天の川	合奏	真っ白な紙	天空の目	真っ白な紙	合奏
獅子座	こだま	北極星	未来列車	未来列車	一心同体	繋がる手	繋がる手	北極星	こだま	真っ白な紙	天空の目	真っ白な紙
乙女座	パズル	こだま	天の川	未来列車	未来列車	一心同体	繋がる手	繋がる手	天の川	こだま	真っ白な紙	天空の目
天秤座	天空の目	パズル	合奏	北極星	未来列車	未来列車	一心同体	繋がる手	繋がる手	北極星	合奏	パズル
蠍座	パズル	天空の目	真っ白な紙	合奏	天の川	未来列車	未来列車	一心同体	繋がる手	繋がる手	天の川	合奏
射手座	こだま	真っ白な紙	天空の目	真っ白な紙	こだま	北極星	未来列車	未来列車	一心同体	繋がる手	繋がる手	北極星
山羊座	天の川	こだま	真っ白な紙	天空の目	真っ白な紙	こだま	天の川	未来列車	未来列車	一心同体	繋がる手	繋がる手
水瓶座	未来列車	北極星	合奏	真っ白な紙	天空の目	真っ白な紙	合奏	北極星	未来列車	未来列車	一心同体	繋がる手
魚座	未来列車	未来列車	天の川	合奏	真っ白な紙	天空の目	パズル	合奏	天の川	未来列車	未来列車	一心同体

一心同体 1

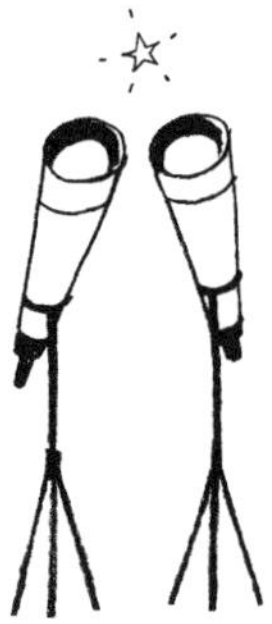

P87へ

あなたの幸せはわたしの幸せ

故人とあなたの存在は「一心同体」です。とても強い絆で結ばれた2人。生前よりも「なんだか身近に感じる」と思う方もいるほどです。あなたが自分に集中して生きるほどに、故人もシンクロするように喜びに溢れ、進化していきます。つまり「亡くなったあの人の分まで生きよう」ではなく、「私は自分で自分を幸せにしよう」という志がこの関係性が伝えたいメッセージです。

未来列車 2

P111へ

まだ見ぬ景色を見にいこう

故人とあなたは、兄弟や姉妹のように切磋琢磨しながら成長し合う関係性です。あなたの未来に対する純粋な好奇心がお互いを進化させます。何事においても故人はあなたが前進できるようにサポートしてくれています。そして、そのサポートを受けてあなたが前進すればするほど両者のエネルギーは大きくなるのです。

繋がる手 3

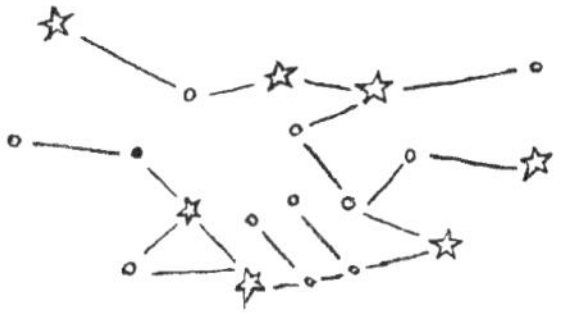

P137へ

いつも助けが差し伸べられているよ

お別れの直後は「置いてけぼり感」があるかもしれませんが、故人とあなたは、親友のような関係です。「成長していくこと」にお互いが助け合います。この世にいるあなたにとっての課題は「いつでも差し伸べられている手があるよ！」という事実を学ぶこと。故人も、そんなあなたを見守りながら「手を取り合う素晴らしさ」を伝えるミッションに取り組んでいます。

北極星 4

P161へ

目的の場所で光を灯しつづける

お別れを機に、あなたが「人生において求めること」がシャープになったはず。それは故人がその目的や姿勢に対して「北極星」のような不動の光で照らし出してくれたからです。あなたの中に芽生えた情熱や使命感を故人と共に育んでいく、いわばお互いの舞台で「チャレンジャー」として進化を遂げていく2人です。

天の川 5

P189へ

過去から目をそらさないで

「あなたの過去に間違いなんて1つもない。でも、過去の辛い思い出や悲しい記憶がもしあるなら、私に預けて欲しい」。故人はあなたにそんなメッセージを投げかけています。長い人生の中、なかなか次の一歩が踏み出せないこともあります。故人はあなたの未来への行動にブレーキをかける「過去の記憶」を解放してくれようとしています。

こだま 6

P219へ

そのままのあなたで生きて

私たち人間は「こうじゃないと人として価値がない」と思い込んでいることがたくさんあります。その結果、誰かと比べて落ち込むことも多いでしょう。しかし、お別れを機にあなたは「〝このままの私〟でできることってたくさんあるんだ」ということに気づき始めます。そして、故人はあなたのその決意に対して、「勇気」というこだまを返してくれています。

合奏 7

私たちはきれいなハーモニーを奏でる

お別れをきっかけに、本来の「心の感度」を閉ざしてしまうことがあります。しかし、故人は一旦閉ざした感情や感性を少しずつ開き、心震わせる体験をさせることで、あなたの「心の感度」を再度開かせようとしてくれています。あなたが自分の気持ちや感情を大切にするほど、故人の魂の調べと合わさって「合奏」となり、人生に新しいハーモニーを生むのです。

P245へ

パズル 8

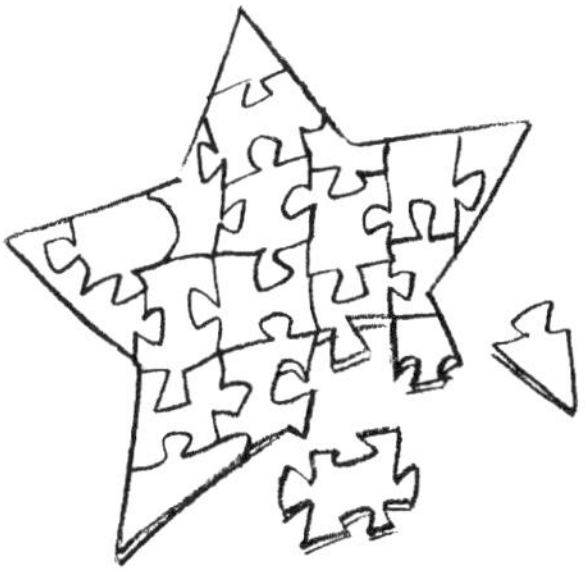

問題を一緒に解決しよう

故人とのお別れは、一生解けない「パズル」のように思うかもしれません。しかし、故人とのお別れと向き合う中であなたは、他の誰よりもパズルを解く力があることを思い出していきます。「答えが分かった！」というより、まさにパズルのように「何かと何かがぴったり合う」ような体験をしていくことでしょう。そして「人生は喜びにあふれていること」に気づき始めます。

P269へ

真っ白な紙 ⑨

P297へ

答え探しの旅に出よう

故人とのお別れを機にあなたに手渡されるのは「真っ白な紙」。何も書かれていない紙を埋め尽くすようにあなたは、「答え探し」の人生を歩みます。そして時間はかかるものの、その人生をいつか振り返った時、「答えなんて必要なかった！」と答えよりも大切なものを見つけるでしょう。そして、その道のりは故人のサポートにあふれていたことに気づきます。

天空の目 ⑩

P321へ

私があなたのもう1つの目になろう

この世とあの世。違う場所にいる2人だけど、いつもお互いの姿を見つめ合っているような関係性です。

故人はあなたにとっての「もう1つの目」として、あなたをサポートしてくれます。もしあなたが「私なんて大したことない人間だ」と落ち込んでいたら「あなたにしかできないこと」に気づくキッカケを届けてくれるでしょう。

Chapter

1

一心同体

あなたが手を伸ばした先に
私はいないけど、
あなたが自分の胸に手を当てた時
そこに私はいます。

あなたが一歩進めば、私も一歩進み、
あなたが止まれば、私も止まって、
周りの景色を眺めています。

だから、あなたが幸せなら私も幸せです。
あなたが辛い思いをしているなら
私も涙を流しましょう。

ただ私は、

あなたが「あなた」でいるだけで幸せです。

だから、どうぞ、安心して
「あなた」でいてください。

誰のためでもなく、
あなたは「あなた」でいてください。

そして、どうか私の名前を口にする時、
あなたの心がひだまりの中にいるように
ほっと温かくなりますように。

「一心同体」の
星の配置図

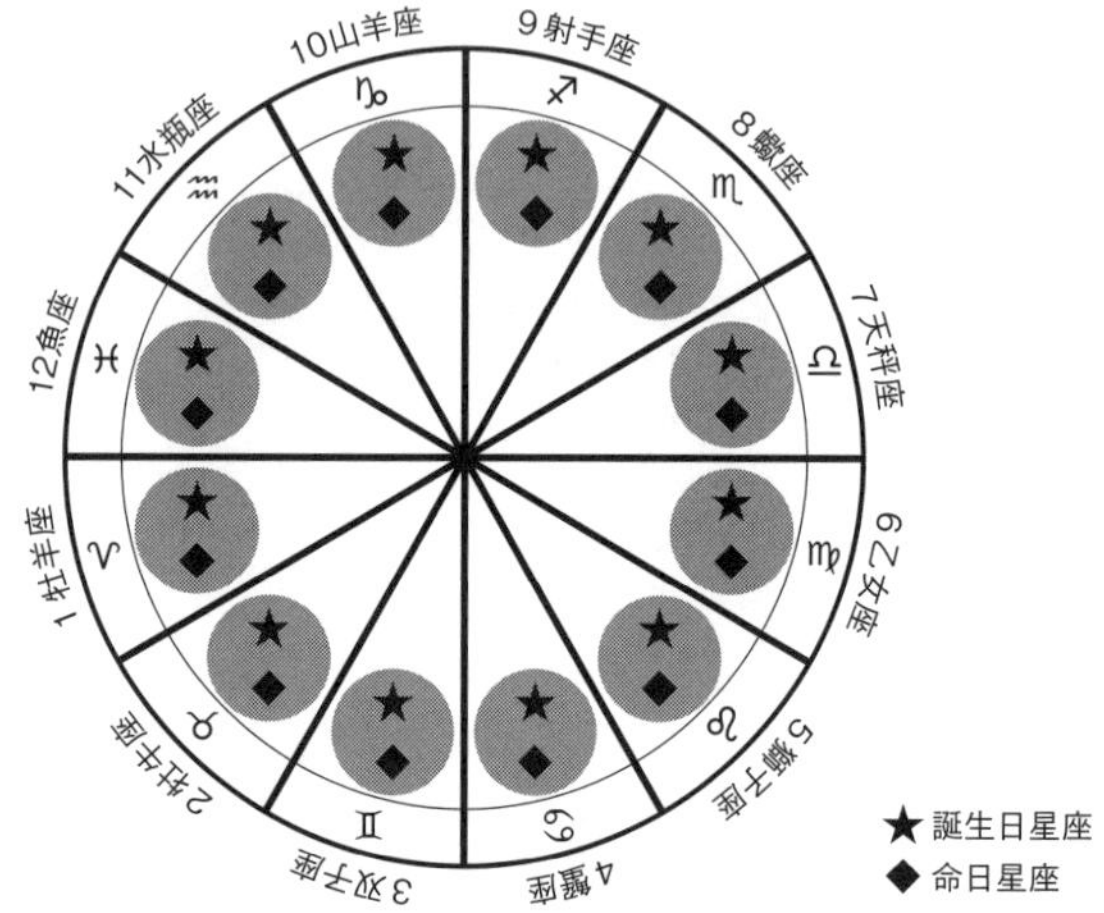

「一心同体」が持つ基本の意味

2人の魂は、とても強い絆で結ばれており、お互いの影響をとても強く受け合う、というのがこの「一心同体」の関係性です。

そしてこの「一心同体」は、10個の関係性の中で最も、魂同士の距離感が近いと言えます。なぜなら、右上の図のようにあなたの誕生日の時に輝いていた「太陽」と、故人の命日の時に輝いていた「太陽」は、同じ部屋にいたからです。

すなわち、あなたのお誕生日の星座が「天秤座」なら、命日の星座も同じ「天秤座」となります。同じように、あなた

ダイアナ妃の「命日星座」と
次男・ヘンリー王子の「誕生日星座」の関係性

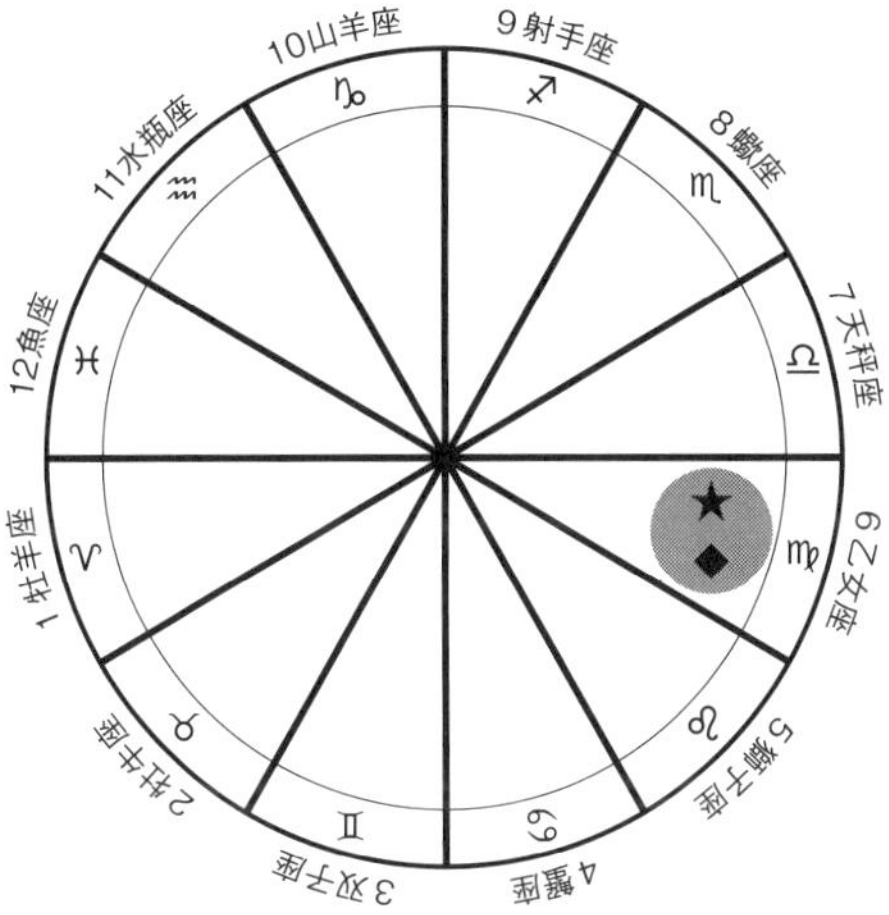

の誕生日の星座が「射手座」なら、命日の星座も「射手座」のはずです。

実例として左上の図に示したのは、故ダイアナ妃の命日星座（１９９７年８月31日命日）と次男であるヘンリー王子の誕生日星座（１９８４年９月15日生まれ）の位置を表したものです。

両日とも「乙女座」の部屋で太陽が輝いています。つまり、２人の絆が「一心同体」であることが分かります。お別れの後も、とても強い絆で結ばれている２人です。

当時、子供だったヘンリー王子は、母であるダイアナ妃を失ったことで錯乱状態にもなりつつ、悲しみに飲み込まれるような2年間を過ごしたそうです。

これは絆の深さを物語っています。しかし、一心同体は、「自分の幸せ」に邁進することがテーマ。彼は2020年に、王室関連のすべての職務から退くことを発表し、独自の道を歩んでいます。天国にいるダイアナ妃からのサポートを受け、いよいよ次のステージに向かおうとしている段階なのでしょう。

さて、この関係性を持つ方は、以下のように大きく2つのタイプに分かれます。

（A）生前から絆が強く、相手の人生を自分ごとのように感じている。

（B）生前はあまり関係性が深くなかった（もしくはそんなに親しい関係ではなかった）にも関わらず、お別れ後、なぜかとても身近に感じたり、縁の深さを感じることがある。

ヘンリー王子は、（A）のケースだったと言えます。

いずれにせよ、今、故人は、あなたとは次元の違う場所にいるものの、現在も密接に関わりを持っています。占星術ではこの両者の太陽の関係性を「ハグしているかのようだ」と表現することもあり、それはもうお互いを自分のことのように感じる人もいるくらいです。

お互いの存在を認め合い、故人はあなたが自分らしく魂を輝かせて生きることを応援してくれています。

例えば故人は、生前の生き様を振り返りながら、この世で生きるあなたの人生を見守り、生きるヒントを与えてくれます。

そしてあなたも故人の人生を自分のことのように感じます。

ただし、お互いがまるで自分の身に起こっているかのように、相手の人生を見ているがゆえに、時として課題も生まれます。相手の気持ちを優先し、自分の気持ちが置き去りになることもあるでしょう。さらには相手と自分が溶け合ってしまい、「自分を置き去りにしていること」にすら気づかないことだってあります。

だからこそ、一心同体という絆からは、

「私は私、あなたはあなたらしく歩んでね」

「あなたは、自分自身の人生に集中しても大丈夫だよ」

「自分の幸せに集中してね」

というメッセージが発せられているのです。

命日が残した、あなた自身の「課題」

あなたは、故人のことを思い出すたびに、

「あの人は幸せな人生だったんだろうか」

「天に旅立った、あの人の分まで幸せにならないと！」

と考えてしまうところがあるのではないでしょうか。

その時のあなたは、少し力が入っているかもしれません。


また魂が一心同体なので、生前の故人があなたから見て不幸な人生に思えた場合、

「自分だけが幸せになっちゃいけない」という思いを抱えやすいと言えます。

「一心同体」であるがゆえに、故人の心残り、人生や運命さえ、抱えようとしてし

まうこともあるかもしれません。もはや自分の中に湧き上がるものが、故人のものなのか、自分のものなのか分からなくなる時もあるでしょう。
もちろんそれは、あなたにとっての故人への精一杯の絆の表現に他ならないわけですが……。

真の「一心同体」とは、お互いの思いや存在を尊重しつつも、深い絆で結ばれていることを言います。

この世であなたが「もう一歩先に進みたい！」「幸せになりたい！」と思っているのであれば、この緊張感を少し解きほぐしていくことで、故人とあなたはさらに成長し、お互いの魂の約束を果たすことができるのです。
「故人の分もがんばろう」「故人の分も幸せにならなきゃ」とがんばるのではなく、「自分のことを幸せにしよう」と、自分を幸せにすることに集中することがあなたにとっての最大の課題になってきます。

命日が残した課題を解く「鍵」

課題を解く「鍵」は、〝幸せになる覚悟〟です。

〝幸せになる覚悟〟と言うと、なんだか一大決心を求められているような響きで力が入ってしまいますが、ここで言うそれは、その真逆です。

誰かのために、何かのために、故人のために……という力を抜き、本来のあなた自身を思い出す作業です。

あなたが幸せになるために何の理由もいらないし、大義名分もいらないのです。**やることはただ1つ、自分には「幸せになる力」があることを思い出すだけです。**

私たちは誰もが幸せになりたいと願っています。しかし、肉体を持ち、限られた時間の中で生きている私たちは変化を恐れます。そんなことから「幸せになること」も変化と感じ、無意識に「幸せ」を避けてしまうのも、私たちの心の癖です。

そんなあなたに故人は、生前の自分を振り返りながら、今、笑顔でこうエールを送っています。

〝生きている時の私は、
どこか幸せになることが大変だと思っていた。

しかし、そう思うこと自体が、幸せを遠ざけていたんだ。

新しい自分になる必要なんてなかった。

思い出すだけで良かったんだ。気づくだけで良かったんだ。

すでに満たされたその世界の素晴らしさに。

川の流れに逆らってはいけないよ。流れるままに生きるんだ〟

思い出してください。「幸せになりたい！」という、ごくごく自然な気持ちに素直になるだけで、さまざまな出会いや出来事が引き寄せられていくということを。

故人からのサインはこうして届く！

2人は一心同体のため、故人からのサインはあなたの内側に起こります。会話を交わすまでもなく、あなた自身の感覚で何かしらのサインを受け取っていることが多い関係性です。

人生を歩む上で、もし情報が多くて選択に迷うようなことがあったら、「なんだか温かい気持ちになる」「なんだか優しい気持ちになる」といったようにハートで受け取る感覚を大切に選択してみるといいでしょう。また参考までにあなたが受け取りやすい機会を12星座別にお伝えしておきます。

あなたの誕生日星座別、心の中に故人からのサインが訪れやすい時と場所

牡羊座：ふと訪れたくなった場所、会いたいと思った人、そんな直感が起こったら行動に移してみてください。その直感は故人からのサインです。

牡牛座：あなたが心から落ち着ける場所で、心地よい感覚に身を委ねている時、故人からのサインを受け取りやすくなります。

双子座：行き詰まった時は大きめの書店や図書館などに行き、いつもならあまり手にしないようなジャンルやタイトルの本を手に取ってみてください。そういった知識や知恵を通して故人からのサインを受け取ることがあるでしょう。

蟹　座：生前の故人との思い出が頭をよぎる時、故人は何かしらのサインを送って

います。その思い出を通じて故人が流してくれている安心感を受け取りましょう。

獅子座：あなたが自信や情熱を失いかけている時、身近な誰かが励ましてくれたら、それは故人が「応援しているよ！」とサインを送っている証拠です。

乙女座：あなたが、自己分析をする時、強みや魅力にも気づくように故人はサインを送ります。今のあなたに対して故人はどんなふうに褒めてくれるか想像してみてもいいでしょう。その問いに対する答えは故人からのメッセージです。

天秤座：あなたが心から美しいと思うもの（芸術、ファッション、景色）に触れている時、あなたの心はやわらかくオープンになっているため、故人からのサインを受け取ることができます。

蠍　座：あなたが「私は本当はこうしたい。本当はこれが欲しい」と素直な気持ちになった時、ふと故人の笑顔が浮かぶようなら、それは故人からのゴーサインです。

射手座：「試しにもう一歩先に進んでみよう。もう1つ上のステップに行ってみよう」と決意した時、故人は、その決意を後押しするサインをさまざまな方法で送ってくれます。

山羊座：あなたの気持ちが清々《すがすが》しくなるような神社や仏閣を訪れた時、故人はあなたにサインを送ります。その場で、ピンときた感覚は神様からの声でもあり、故人からのメッセージでもあります。

水瓶座：あなたが「人生を変化させたい！　変わりたい！」と本気で決意した時、故人はあらゆるサポートを送ってくれるでしょう。

魚　座：夢の中で、故人からのサインを受け取ることがあります。登場人物として出てくるだけではなく、感動する夢を見せてくれることで「あなたのことを見守っていますよ」というサインを送っています。

＊

命日、もしくは月命日が来たら「私は私で幸せにやってますよ」と故人に報告をし、誕生日には「この1年、こんなふうに自分のことを幸せにしてみます」と宣言することで、2人の絆はさらに強まり、故人からのサポートも流れ込みやすくなります。

もしも悲しみに飲み込まれそうになったら

この関係性の場合、お別れ後の辛さは「自分だけが生きていて申し訳ない」という罪悪感によるものが少なくありません。

きれいな景色を見ても「私だけがこんなきれいな景色を見ていて申し訳ない」とか、美味しいものを食べていても「あの人はもう食べられないのに私だけ食べて申し訳ない」と思いがちです。

お2人の魂が一心同体なだけに、故人の無念や後悔に共感しやすいのです。

もしそういった罪の意識を感じているなら外に出すようにしてください。

徐々に乾いていき、蒸発するようになくなっていきますから。それは故人の人生がいかなるものであったとしてもです。

罪悪感は自分の内側にエネルギーを向けすぎると心にいつづけますが、外に出すと乾いて出ていく習性があります。

なお外に出すとは例えば「言葉にする」「話してみる」ということです。信頼できる友人やセラピストにただその思いを聞いてもらうこともとても大事です。

そして、あなたが美しい景色を眺め感動していることも、美味しいものを食べて生きる喜びを味わうことも、いつでもその感覚と共に故人が寄り添ってくれていることを思い出してください。溢れてくる悲しい涙も我慢する必要はありません。

あなたが悲しいのは手を伸ばしたところに大切な人がいないからであって、決して2人の間にある、愛までも失ったわけではありません。涙とともに感じるハートに湧いてくる温かさ。それは愛がいつでもあなたの中にあるからです。

故人はいつでもあなたに安心感を送り続けています。

2人の繋がりは、この世とあの世でこうして強くなる！

あなたがお別れによる悲しみのトンネルを抜けた時、自分のこれからの人生について「これからどんなふうに進んでいけばいいだろう？」とふと考えるタイミングが来るでしょう。

生前、故人との関係性を支えにしていた方は、その時ガランとした空虚感を覚えるかもしれません。でも、それはあなたが1人の足で歩きはじめようとしているサインです。まだ気づいていないかもしれませんが、幸せになる覚悟のようなものがそこには生まれています。

あなたの中に静かに生まれる「幸せになる覚悟」は、故人との絆をさらに強いものにします。

しかし、自信をなくしたり、不安に思ったりする時もあるでしょう。そんな時、故人は、愛を持って真摯《しんし》にあなたにこう語りかけています。

〝あなたを幸せにできるのは他の誰でもなく、あなた自身だよ。

でも、がんばることだけが大事なのではないよ。

ただただ、あなたには

すでにその力があるってことを思い出すだけだからね〟

そして、故人からあなたへ注がれる愛は、その感覚を徐々に「安心感」へと変えてくれます。そうして2人の絆はさらに育まれていきます。

「娘の遺した絵に、母が新しい命を吹き込む」

15歳だった娘さんを2003年に天に見送られたお母様を鑑定させていただきました。

生まれた時はとても元気な赤ちゃんだったそうです。しかし2歳ごろから病院にかかるように。そして小学生として生活していたある日、突然病に倒れました。

6年間意識も呼吸も戻らない状態が続き、入院。その後ご自宅で3年ほど過ごされ、天国へと旅立たれました。

亡くなられた日は、お仕事がお忙しいご夫婦がお2人揃って自宅でテレビを見ていた時だったそうです。お兄様は合宿で不在だったとか。

ご相談者であるお母様は、メールの中で、娘さんとのお別れまでのお気持ちを以下のように語ってくださいました。


「誰の目から見ても植物人間でしたが、私は娘の意識があると思っていたし、何か言ってるようにも思えてた!

それは『ごめんね』や『ころして』と言ってるようにも感じて。

私のエゴで……辛かったろうな……

の想いが未だに強くあるのです。娘の思いを知りたいです」


娘さんは、絵を描くことがとても好きで、意識をなくされる前日まで絵を描きつづけられていたようです。

娘さんの「命日」とお母様の「お誕生日」の太陽の位置はどちらも獅子座でした。太陽のエネルギーが最も強い季節で、ちょうどお盆の時期だったそうです。

私は、いわゆる霊能者ではないので娘さんが実際どのような気持ちでいらっしゃったかは分かりません。ですが、直感的に私はこう思いました。

娘さんは寝たきりになられ、お母様やお父様のお世話になられている間もしっかりとご家族のことを認識していらっしゃったのではないかと。

そして、娘さんから受け取られていた「ごめんね」は「お母さん、ありがとう」で、「ころして」は「あの世に行ってもお母さんの子だよ」なのではないかと。

ご両親が揃っている日に旅立たれたことも、お2人を「独り占めしたい」といった娘さんの可愛らしく純粋な気持ちが伝わってくるようでした。

いずれにせよ意識のない娘さんとの長い年月は、ひと言では語りきれない色々な思いが交錯されたことだと思います。

鑑定では、娘さんはいつもお母様と「一心同体」のようにそばにおられることをお伝えしました。〝お母さんは自分の幸せに集中してください。誰のためでもなく自分のために……〟という「一心同体」のテーマでもある「幸せになる覚悟」についてのメッセージもお伝えしました。

ご相談者のお母様は鑑定後、私にさまざまなエピソードをシェアいただきました。

「正直、幸せになりたくないと考えていた過去がありました。
しかし、私が元気で幸せじゃないと娘が悲しむのでは、
と思考を切り替え色んなことにチャレンジして楽しんでおりました。
どこか無理をしているし、演じている。
他者のために、自分のために
元気アピールで笑っている感が否めませんでした。
外側だけ繕っているようでした」

娘さんとの絆の深さゆえ、ご自身の思いよりも娘さんの思いに寄り添うように人生を歩まれてきたことが分かります。

そして、お母様はそのメッセージでこんなこともおっしゃっていました。

「このところ、娘が少しずつ離れていくのを感じておりました。
呼応するように私の心や感情に歪みの思考が顔を出し、
自分自身を持て余しておりました」

「亡くなった娘に寄りかかってはいけない。私は私の人生を歩まなければ……」という お母様の葛藤を感じました。とても切ない思いがしました。

お母様は、亡くなった娘さんを思うがあまりに、娘さんの魂を自分の中に閉じ込めてしまっているのではないかと心配されていたのです。

「一心同体」の関係性は魂同士の距離が近いので、故人の人生を自分のことのように感じてしまいます。だからといって「故人のためにがんばって生きなければならない」ということではなく、互いの幸せを支え合うためです。ただ愛の大きさから葛藤も起きるものです。

鑑定では、娘さんからのメッセージとして

〝お母さんが自分を幸せにすることに集中すればするほど、

私も天で喜びを感じ、

その喜びを多くの人に伝えることもできる。

私たちはそんなふうに一心同体なんだ〟というメッセージをお伝えしました。するとお母様からは、

「未だに、『幸せになります！』と言い切れない自分がいます。
自分を許し、幸せに……と、
娘のために、誰かのためにと言いたくなりますが、
何度もメッセージを読み返し、かならず今生の自分を心から幸せにします」
というメッセージもいただきました。このように一心同体は魂の絆が強く、だからこそ、生まれる課題もあります。しかし、その課題も故人との絆を思い出すためのもの。
「『一心同体』の文面に心から安堵しました。
無理に娘を押し出すことをしなくともいいと分かりましたので、
今後も胸中の娘と語り合います」
お母様もこうおっしゃっている通り、「娘さんのことを忘れなきゃいけない」とか「悲しんではいけない」ということではないのです。
さらにこの鑑定を通して、あの世とこの世でその強い絆が続いていることを、感じたエピソードがあります。

絵を描くのが大好きだった娘さん。その絵をもとに、娘さんが天に旅立ってから約5年後、お母様が文章を書き、絵本を作られたそうです。

獅子座はとてもクリエイティブな星座なので、そのお2人が1冊の「絵本」の共同作業をされるというのは、あまりにも星の象徴にピッタリすぎて驚きました。

「一心同体」の関係性がそのまま作品になったのです。

私は、このエピソードを聞き、まさに「魂は生き続けている」ことを確信しました。

Chapter

2

未来列車

君の旅はこれから始まる。
私の旅もこれから始まる。

地上に住む君には、
まだまだ見つけたいものがあるだろう。
まだまだ摑みたいものがあるだろう。
そんな君を乗せて
列車は未来へと導いていく。

先に進むための理由なんて
探さなくていいんだよ。
列車がおのずと君を連れていくさ。

君は子供が絵本のページをめくるように
ただただ、次の新しい景色に進んでいけばいい。

君が進む姿は、私へのギフト。
遠慮なんかいらないよ。

「未来」という名の列車が
君に見せてくれる新しい景色は、
私への贈り物。

君からの贈り物を受け取って、
私も天で新しい景色を見る。

そう一緒に成長していけるんだ！

「未来列車」の
星の配置図

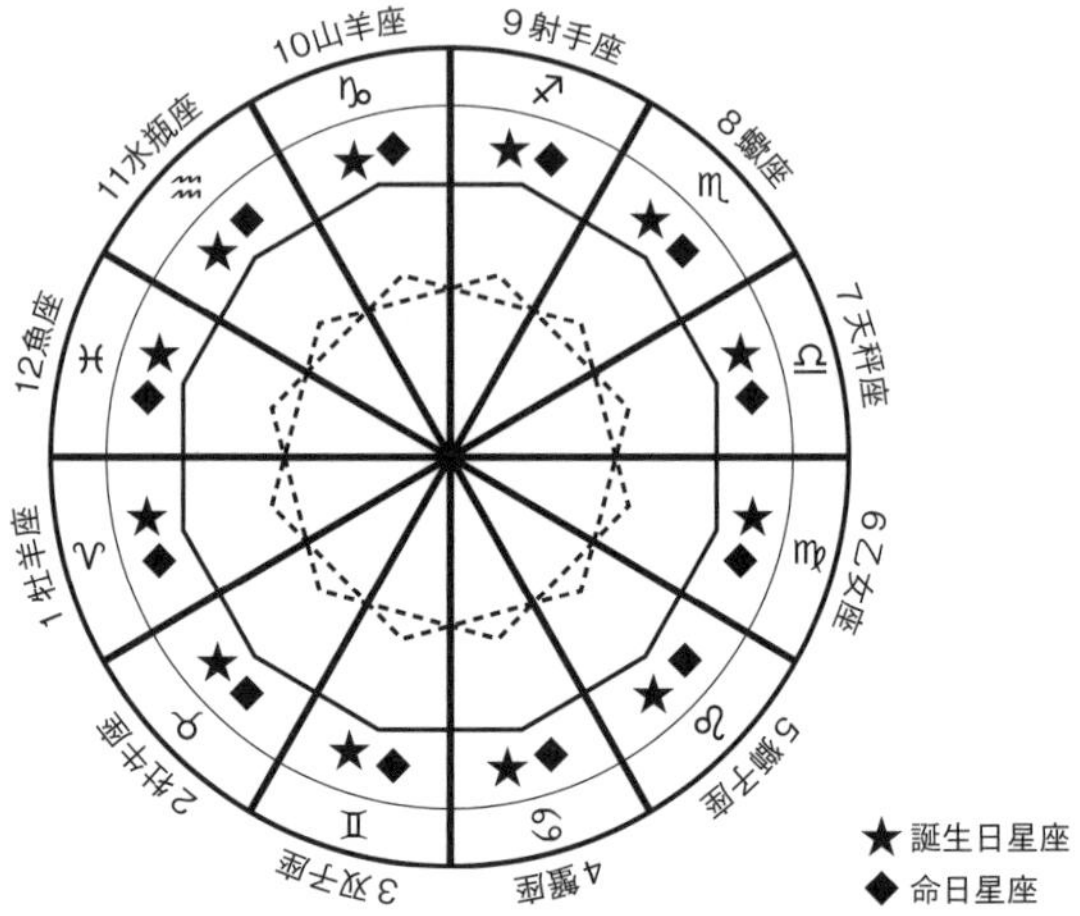

「未来列車」が持つ基本の意味

この関係の2人は、まるで兄弟・姉妹のような、もしくは先輩・後輩のような絆で結ばれています。あなたが率先して未来を切り開けば、お互いが成長し、支え合い、そして進化していく魂たちです。

「誕生日星座」と「命日星座」は隣同士か、もしくは隣の隣までの関係。なおかつ、あなたの誕生日星座のほうが「先輩の星座」になっている関係性が「未来列車」となります。

なお、「先輩の星座」とはその名の通

ジョン・レノン氏の「命日星座」と
妻オノ・ヨーコ氏の「誕生日星座」の関係性

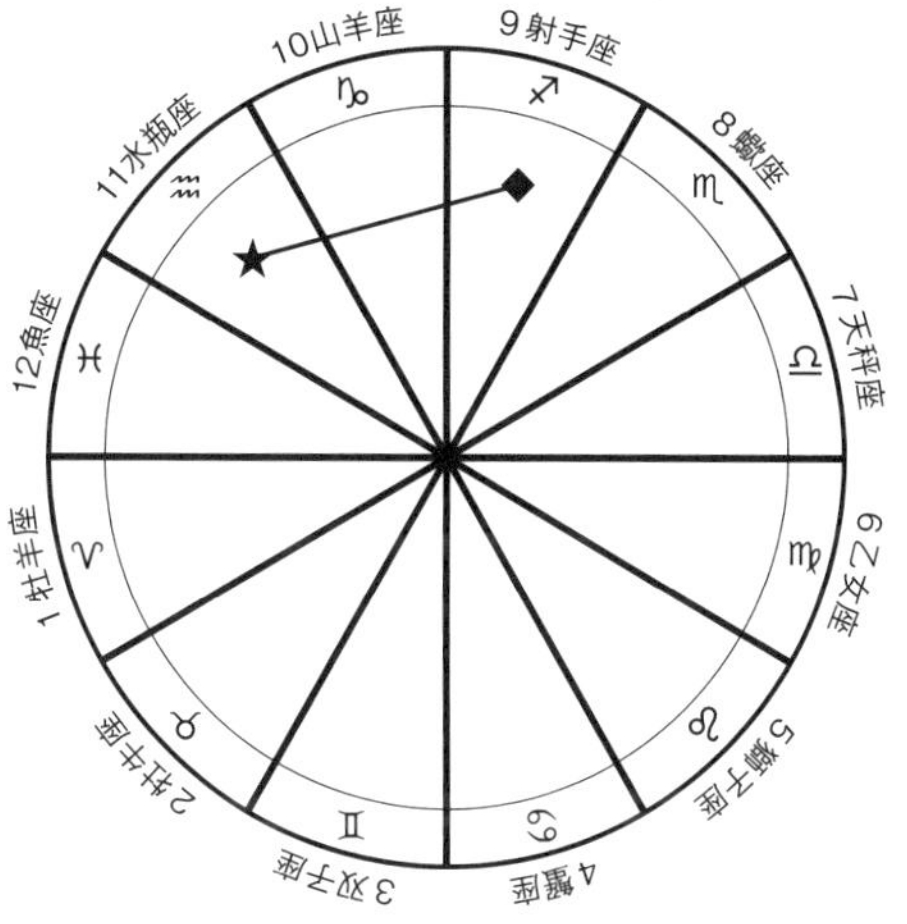

りです。占星術では、右上の図のように12星座が「牡羊座」からスタートして「魚座」をゴールとする反時計回りに並んでいます。「牡羊座」を1番とすると、「魚座」は12番目と数え、番号が大きくなるほど「先輩の星座」となる、ということです。

　そのことを踏まえて「未来列車」の実例をご紹介しましょう。

　左上の図は、ビートルズのメンバーであり世界的なアーティストだったジョン・レノン氏の命日星座（1980年12月8日命日）と、その妻であるオノ・ヨーコ氏の誕生日星座（1933年2月18日生まれ）の位置を表したものです。

ジョン・レノン氏の命日星座は9番の「射手座」であり、そこから見ると、オノ・ヨーコ氏の誕生日星座は2つ先輩の星座で11番の「水瓶座」です。

誕生日星座が命日星座より「先輩の星座」であることには意味があります。

占星術では1番目の星座である牡羊座から、12番目の魚座までを「成長の原理」に例えます。つまり1番目の牡羊座が生まれたての赤ん坊だとしたら、双子座は小学生ぐらいで、やがて獅子座、天秤座あたりで大人になり……と人の成長として、なぞらえることができるということです。そのことからオノ・ヨーコ氏の魂は、ジョン・レノン氏よりちょっぴり先輩として、故人がまだ見ていない「未来」や「成長した姿」を体験することがテーマになってくると言えます。

あなたがこの世で、純粋にワクワクした気持ちで人生を進めば進むほど、故人もそんなあなたに刺激を受けて成長しつづけます。切磋琢磨の絆で結ばれているのです。「未来列車」という関係性は、実際の兄弟や姉妹がそうであるように、共に成長していくのです。

さらに、この「未来列車」では、あなたが率先して未来のページをめくっていくことで、お互いが支え合い、成長を遂げていきます。言うなれば、2人の間であなたは「先輩」や「お兄さん（お姉さん）」的な位置付けとなるのです。

実際の兄弟や姉妹でも、お兄さん、お姉さんが新しい遊びや勉強を先にやって見せて、弟、妹が兄、姉の姿を真似をして成長していくという光景がありますよね。

まさにそんな光景を思い浮かべていただくといいと思います。

あなたが未来を切り開いていく姿がそのまま故人の喜びと成長に繋がります。

まだ見ぬ世界へ歩みを進めるのは、誰でも不安を伴うものですが、あなたが未来に進む姿は、故人へのギフトとなり天に届くのです。

私は若い頃、会社員として忙しく働いていた時期があります。

その気晴らしにと、休日になると時刻表を片手に鉄道の旅に出かけることがしばしばありました。

何のプランもなく、ふと思いついた知らない駅で降りる体験は、少し心細さがあるもののワクワクした感じもあります。私を童心に戻してくれました。
「未来列車」には、そういったドキドキやワクワクする世界観が詰まっています。

小さい子供が絵本を読む時、次のページをめくるのに理由はありません。
ただただ「絵本のページをめくりたい！」と思う純粋な気持ちです。
そんな純粋さを思い出せば、未知の世界へと踏み出すのは怖いものではありません。

オノ・ヨーコ氏は、ジョン・レノン氏を天に見送った後もアーティストとして力強く未来に向かって歩まれています。きっと天にいる彼はそんな彼女を見守り、魂では手と手を取り合いながらお互いの使命を果たしているのでしょう。

命日が残した、あなた自身の「課題」

「成長したい自分に許可を出す」
「後悔はしなくていい」

これがこの命日が残したあなた自身の課題です。

人は誰でも成長したいものだし、なぜわざわざこれが課題に？　と思われるかもしれませんね。そんなあなたは、少し胸に手を当てて考えてください。

あなたはこのお別れによって、

「もっとこうしてあげたかった」

「私がもっと気づくべきことがあったのではないか？」

と故人との関係において心残りを抱えてしまうことがあったのではないでしょうか。

もしくは今もお持ちかもしれません。

でも、心配しなくて大丈夫。**生前、故人との間に煮え切らない思いを残していたとしても、天に旅立った故人の魂はこだわりや苦しみからは解放されています。**

そして、あなたに与えているメッセージも「さあ、未来の景色を見にいこう！」とワクワクしたものです。

故人は、あの世で魂のさらなる進化に向かって進みたいと願っています。だから、地上にいるあなたが自分らしく生きていく姿を自分の勇気に変えていきたいと思っているのです。

命日が残した課題を解く「鍵」

課題を解く「鍵」は、〝純粋な好奇心〟です。

ただし、もしあなたが大切な方とお別れをしたばかりであれば、未来、好奇心、なんて言葉は受け入れられないのが自然な反応だと思います。

悲しみはその場、その時に止まって感じてもいいもの。すぐに未来に思いを馳せられない自分を決して責めないでください。必要な時が経過して、悲しみが少し和らいだ頃、再び「好奇心」という言葉を思い出していただけたらと思います。

さて、「さあ、未来の景色を見にいこう！」というメッセージは、どこか力強さを求められているように感じるかもしれません。

ですが、必要なのは力強さではなく、誰もが持っている子供のような「好奇心」です。好奇心があなたに新しい扉を開けさせ、前に進む力を与えてくれます。

小さな子供は、電車やバスに乗ると窓の外の移り変わる景色をずっと見ていますよ

ね。それと同じように、

「あの建物はなんの建物だろう？」

「あの煙突の下には何があるのかな？」

「次の駅はどんな場所だろう？」と、純粋に心がワクワクする感覚を思い出していくことが、2人の絆を育むきっかけになっていきます。

故人は、そんなあなたを見守りながらこうエールを送っています。

〝もしも、あなたの悲しみが少し和らぐ日があったなら、
少しだけ子供の頃の気持ちに戻ってみて。
未知の世界は誰もが少し怖く思うもの。だけど……、
あなたが子供の頃のようにワクワクした気持ちで進めば進むほど、
私もそんなあなたに刺激を受けて成長しつづけられるんだよ！〟

故人は、あなたが〝純粋な好奇心〟を思い出し、歩み始めるのを温かい眼差しで見守りつつ、待ってくれています。そう急ぐ必要はありません。あなたのタイミングで。

故人からのサインはこうして届く！

あなたが未来へと一歩を進めようとする時、そこに故人のサポートがあります。

大事なのは、〝不安なままでも大丈夫だ〟と信じることです。

不安やドキドキを小脇に抱えながらも、それでも前に進みたい！　一歩を踏み出そう！　とするあなたを故人は心から応援してくれています。

実際に、長年連れ添ったパートナーを亡くされた女性は、お別れから数年後、鑑定をきっかけに「もう一度外国語を勉強したい！」というかねてからの夢を果たすため、海外留学されました。現在は帰国し、海外経験を生かしたお仕事を目指し充実した日々を過ごしてらっしゃいます。

故人はあなたの一歩一歩に「それでいいんだよ！」とサインを送ってくれています。

そのエールを糧にあなたは前に進み、その成長が故人の魂を成長させる、という相乗効果を生みます。

ここで、あなたの誕生日の星座別にも、アドバイスをお伝えしておきましょう。

あなたの誕生日星座別、故人があなたをサポートしてくれるタイミング

牡牛座：あなたが自分の感性を信じて一歩前に進んだ時、次の展開をあなたが思うよりスピーディーに進めていけるようにサポートしてくれます。

双子座：あなたが自分が学んできたことや、知恵を誰かの幸せのために生かそうとする時、あなたの直感力を高めたり、また心地よい空間を引き寄せられるようにサポートしてくれます。

蟹　座：あなたが「大切な誰かを守りたい」と思った時、それに必要な情報や場所を引き寄せられるようにサポートしてくれます。

獅子座：あなたが誰かの夢を心から応援する時、その人の夢とあなたの夢が共に成長できるようにサポートしてくれます。

乙女座：あなたが自分が持っている技能や持ち場でベストを尽くそうとする時、安心して能力を発揮できるようにサポートしてくれます。

天秤座：あなたが一対一の人間関係を豊かなものにしたいと思った時、相手にどんな貢献ができるか？　を気づかせてくれるようにサポートしてくれます。

蠍　座：あなたが自分の心と向き合い、心から望む本当に欲しいものに気づいた時、それをあなたらしいやり方で手に入れられるようにサポートしてくれます。

射手座：あなたがさらにステップアップしたいと心に誓った時、そんなあなたを支えてくれる人間関係を引き寄せられるようにサポートしてくれます。

山羊座：自分の人生は自分が作っているのだという責任を心から引き受けられた時、より素晴らしい未来へのアイデアが描けるようにサポートしてくれます。

水瓶座：「どうすれば社会はもっと良くなるだろうか？」と大きな視点で物事を捉えようとする時、そこから生まれたアイデアを具体化するためにあらゆるサポートをしてくれます。

魚　座：あなたがこの世に心から愛する人ができ、その人を思う時、その愛が伝わるようにサポートしてくれます。

＊

もし一歩を踏み出そうとして、「本当にこれでいいのだろうか？」と不安になった時はこうイメージしてみてください。

「私は、今、未来に向けて進んでいる列車に乗っている。

次はどんな駅で降りようかな？　どんな駅だと楽しいかな？」

こんなふうに、その駅に降り立った時（未来）の不安よりも、

〝どんな素晴らしい風景が待っているだろう？〟

〝どんな気持ちになっていたいか？〟

とワクワクした気持ちを優先してみると、故人はあなたがその気持ちをさらに感じられるような未来へと誘ってくれます。

もしも悲しみに飲み込まれそうになったら

どんな悲しみ、苦しみの中にあったとしても、魂の奥底には、未来への希望は存在します。しかし、希望を見出そうとすればするほど、その対極にある、過去への心残りも色濃く感じることがあります。

故人に対する心残り、後悔……もし、そういった後ろめたい感情があるなら、それは、あなたから故人への精一杯の愛情表現です。**それら苦しい感情を介してでもい**

いから、故人と繋がりを持っておきたいという愛の表現です。

ただ後悔や心残りが故人との架け橋になっているのは辛いですよね。

故人はあなたに後悔することを望んではおらず、あなたにこうメッセージを送っています。


〝あなたが歩んできた過去に「間違い」など1つもないんだよ。

もし過去の何かが未来へのあなたに影を落としているような気がするなら、何も心配はいらないよ。

天にいる私が星の光に変えておこう。

すべてを前に進む力に変えておこう。

さあ、未来へ向かう列車に身を任せて。〟


後悔や心残りという苦しい感情でなくても、故人と繋がりを感じることはできるのです。

あなたは未来へと足を進める時、

「あなたを置いて、私は本当に先に進んでいいのだろうか？」

と、故人に確認しているかもしれません。

そんな確認を知らず知らずのうちにしまっているかもしれません。

それに対し、故人からの返答はシンプルです。

「うん、いいよ！　一緒にどんどん進んでいこうね！」です。


あなたは1人だけで先に行くような気持ちになっているかもしれませんが、あなたが未来へ進むことで「故人も一緒に進む」のです。どうぞ安心してくださいね。

2人の繋がりは、この世とあの世でこうして強くなる！

あなたは故人と共に成長していく中で、今よりもっと未来を信じるようになります。

この時、「未来」のことばかりを考えていると、「今ここ」をおろそかにするように聞こえるかもしれません。ですがそうではありません。

「今」を生きるために「未来」への信頼を取り戻していく、ことが大事なのです。

おばけ屋敷で前に進むのが怖いのは「未来（その先）」が、どうなっているか分からないからですよね。出口の光が見えた時のように、「未来」を信頼できた時、「今」の足取りも軽くなる、というわけです。

ところが私たちは、どこか未来を根拠なく悲観的に捉える癖があるようです。

私たちが住んでいる日本は先進国ですが、「次の15年で世界は良くなるか、悪くなるか?」という質問に対して「良くなる」と答えた国民はわずか10%なのだそうです。

つまり、日本は「10%の人しか未来を信じていない国」です。

はっきりと言います。私たちは一人一人が自分発信することで、世の中を良くしていくこと(未来を良くしていくこと)ができます。もちろん、あなたにもその力があります。

学生時代、恋の噂話は、あっという間に学校中に知れ渡りましたよね。たった6人の知り合いをもとに、知り合いの知り合いを辿っていけば、世界中の人に繋がれるという話もあります。

「たった1人」から「たった1人」へ伝わる力を舐めてはいけません。

例えば、お子様がいらっしゃる方であれば、「大人である自分が楽しく生きている姿」を見せるだけで、未来は明るくなっていきます。

まずは、あなたが未来への信頼を取り戻すこと。さらにその思いを誰かに伝えていくこと。

そうやってあなたの背中や生き様を周りに見せていくことで、誰かの勇気に繋がることでしょう。その結果、故人とあなたの絆もそんな日常の中で強く育まれていくのです。

「お空に帰った後も、2人の列車は未来へ進む」

ご相談者は長女である娘さんを亡くされたお母様。

と言っても、娘さんはこの世に生まれることなく、妊娠37週目に天国に旅立ってしまいました。そのようなご事情があり今回は、この世にはまだ誕生してない娘さんの命日を鑑定させていただきました。

ご相談を受けた時は、死産から11年目。

お母様は妊娠中のことをこう語ってくださいました。

「母である私は子供の頃からずっと早く死にたい願望がありました。

長女の妊娠中は毎日自死する夢を見ました。
当時は、お腹の長女に私の『死にたい願望』が移ってしまい、
お空に帰ったという感覚が一番腑に落ちていました」

そのことに加えて、それでもお腹にいる赤ちゃんがこれほどにも愛おしいのかと、そんな愛を学ばせてくれた娘さんへの感謝も綴られていました。

2人の絆の形は「未来列車」ですので、お母様は未来へと進んでいくことがテーマとなります。しかし、ご依頼を見る限り、お腹の中に娘さんがいた時から、ご相談者であるお母様は生きる気力をなくしてらっしゃいますよね。

お母様は命日以前から未来への信頼を失っていたのです。

そんなことから、お母様は「自分のそんな後ろめたい気持ちがお腹の子に影響を与えてしまった」と悔やむ気持ちも綴っていらっしゃったのでしょう。

ところが、未来列車の発するメッセージは、

「あなたが歩んできた過去に間違いなど1つもない」です。

初めての妊娠ということだけでも女性にとっては心身共に大変なこと。妊娠されていた期間は、きっと精一杯の日々を過ごされていたことだと思います。

そんな過去を罪悪感と共に振り返ってしまうお母様に対し、娘さんの命日は「間違いなんかないよ」という力強いメッセージを送っています。

2人の絆は37週で終わったわけではありません。その後も続いていて、お母様の未来を応援しているのです。

「生まれてこなかった我が子の魂はどこに行くのか？」という質問も他の方より、時折いただきます。「命日占い」では、すべての亡くなった人は肉体をこの世において、魂だけの存在になり天国へと旅立つと考えます。死産や流産というお別れの場合も例外ではなく、肉体をこの世において魂が天国へ旅立ちます。

時々、「もしかしたら、お腹の中にいる子供はあの世とこの世、両方に存在しているような存在なのかもしれないなあ」とも感じます。

そして、このご相談者と同じような体験をされた女性のみなさんにお伝えしたいのは、「母親の心の中でその子はしっかり成長していく」ということです。

流産や死産というのはお母さんの魂をもぎ取られるような辛い体験です。

だからこそ、どこか忘れてしまいたい出来事かもしれません。しかし、心の中に天国に旅立った赤ちゃんの居場所を作ることで彼・彼女らはしっかりと成長していってくれるのです。

なお、「心の中に故人の居場所を作る」というのは未練や心残りを抱えることではありません。自分にとって辛い感情で繋がるのではなく、安心感とぬくもりで「ここにあなたの居場所はあるからね」という慈しみの気持ちで繋がることを言います。

「未来列車」の絆を持つ娘さんからのメッセージとして、ご相談者には、次のようにお伝えさせていただきました。

〝ママにはもっと新しく喜びに満ちた景色を
たくさん見る人生が用意されているよ。
私がお腹にいる時は
どうやらそういう気持ちにはなれなかったみたいだけど、

ママは「未来ってワクワクするんだ」ってことを
少し忘れていただけだと思うんだ。
もし過去の何かが未来のママに
影を落としているような気がするなら、
何も心配はいらないからね〟

天国の娘さんが、命日を機に「未来を取り戻そう！」と母親を応援してくれていることが分かります。お母様からは鑑定後以下のようなメッセージをいただきました。

「『未来をワクワクしながら生きる』
全く考えもしなかったメッセージでした。
未来は不安ばかりだったり、
楽しみがあってもその中に心配事を見つけたりで、
純粋にワクワクすることがなかったかもしれません」

何度も言いますが、「命日」は単に故人が旅立った日、というだけではなく、残された私たちにとっても大切な人生の節目になることが多いです。もちろん悲しいお別れであることは違いないのですが、大きな学びや意外な気づきも生まれます。お母様にとって「ワクワクする未来」は意外だったけど、とても必要なメッセージだったのですね。

「娘が生きていた時にもっとできたことがあったんじゃないか、
そういう罪悪感が大きくなることもありましたが
たくさんワクワクしていいんですね。正直驚きでした。
やっぱりこの子は私に大事なことを教えにきてくれた
師匠のような子だと思います。
一緒に成長しているってすごく嬉しいです。励みになります」

この未来列車という絆ではご本人が強い「罪悪感」を抱えることもしばしば見られます。

ですが、故人は「罪悪感を手放していいよ」と、悲しみを洗い流してくれるような存在でもあるのです。

生まれてくることができなかった命との「関係性」を見ることも、命日占いでは可能です。

生まれてくることができなかったというだけで、意味のない命などないのです。

そして、お空に帰った後も、お母様の娘さんであることには変わりがなく、その絆はしっかりと続いています。

お腹の中で過ごした37週間と少しの間、お2人の絆は確かに育まれていたことを教えてくれた鑑定でした。

Chapter

3

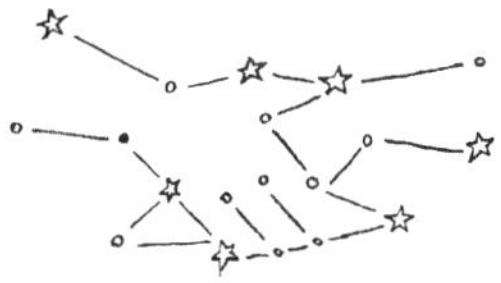

繋がる手

ずっと繋がっていた手と手。
ある日突然、
ふっと……ほどけてしまった。
私という存在が
遠くの空に消えてしまった。

あなたはそう思ったかもしれない。

でも、心の目で見て欲しい。
手と手は今もしっかり繋がれているよ。

あなたと私の間に
ぬくもりは今でも流れている。

だから、どうか安心して欲しい。

そして、たくさんの愛する人たちと
手と手を取り合い
ぬくもりを伝え合う素晴らしさを
もっと私に見せて欲しい。

あなたが愛する人と繋いだ手のぬくもりは、
私のところまで届いているよ。

「繋がる手」の
星の配置図

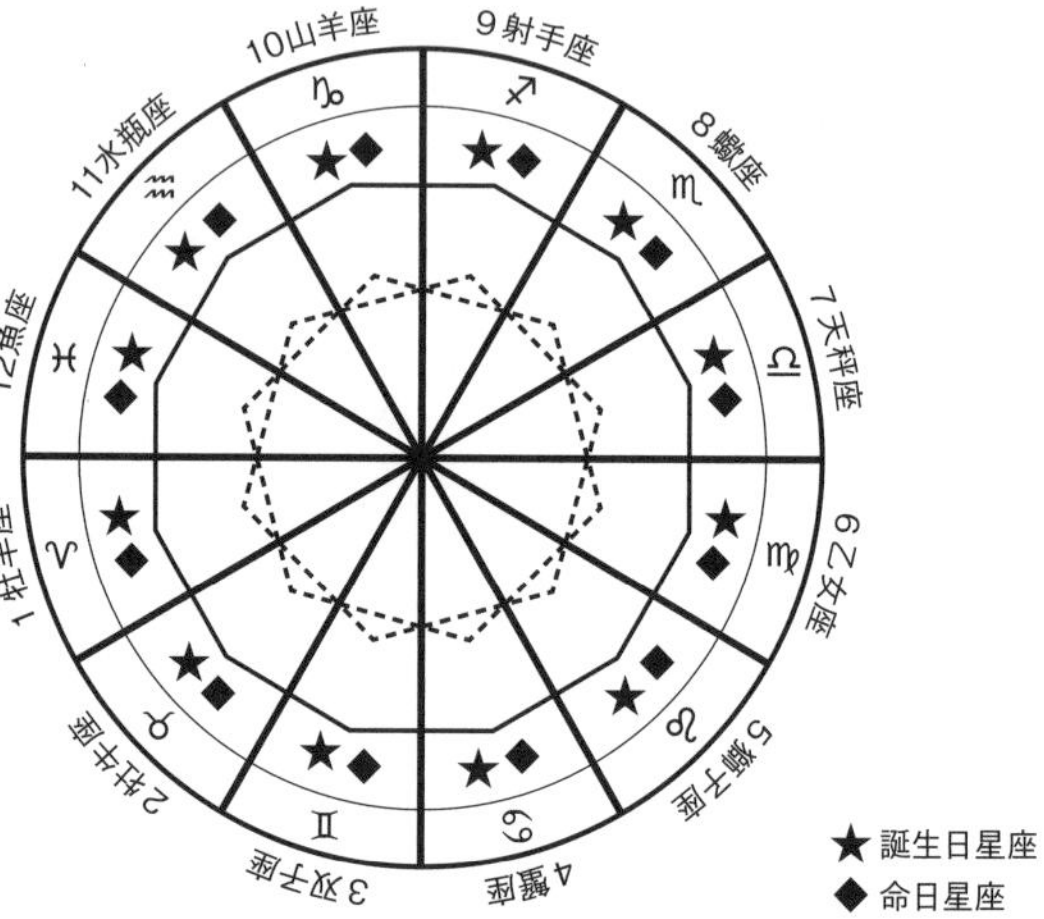

「繋がる手」が持つ基本の意味

この関係性は、Chapter2の「未来列車」と「魂の距離感が近い」という点で共通しています。「誕生日星座」と「命日星座」が隣同士、もしくは2つ隣までの位置関係です。

その位置関係から、「未来列車」と同じく、まるで兄弟・姉妹のような、もしくは先輩・後輩のような絆で結ばれていると考えます。

一方で、「未来列車」と違う点もあります。

未来列車では、あなたが率先して未来を切り開くことが鍵となっていました。

ダイアナ妃の「命日星座」と
長男・ウイリアム王子の「誕生日星座」の関係性

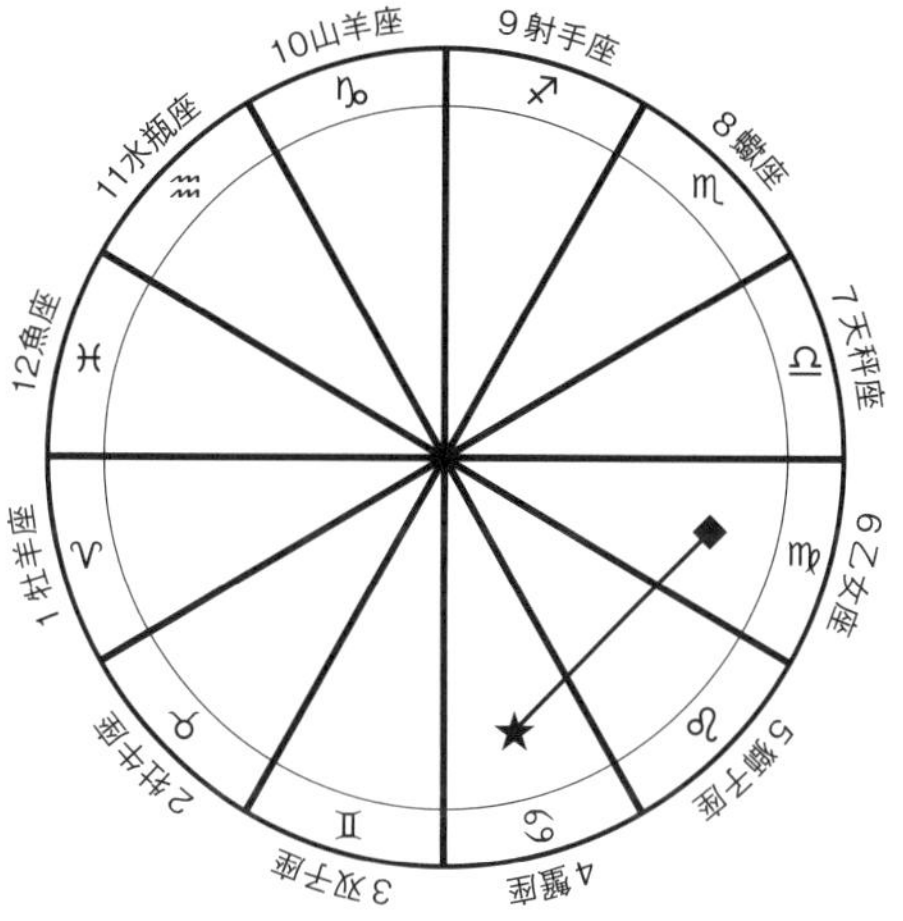

ですが、「繋がる手」という関係性では、あなたが「あらゆるサポートを受け取ること」が鍵となります。

このタイプはあなたの誕生日星座のほうが「後輩の星座」になっています。

なお「後輩の星座」とはその名の通りです。占星術では、右上の図のように12星座が「牡羊座」からスタートして「魚座」をゴールとする反時計回りに並んでいます。「牡羊座」を1番とすると、「魚座」は12番目と数え、番号が小さくなるほど「後輩の星座」となる、ということです。

そして、この位置関係こそが「サポー

ト を受け取る」ことに繋がっていきます。

ではここで、「繋がる手」の例として、P141左上の図をご覧ください。故ダイアナ妃の「命日星座（乙女座）」（1997年8月31日命日）と、彼女の長男ウィリアム王子（1982年6月21日生まれ）の「誕生日星座（蟹座）」を表したものです。

彼の誕生日星座は、命日星座の2つ前です。とても距離感が近いと言えます。実際、彼は、メディアで逝去後何年もたっているにもかかわらず、「ダイアナ元妃の存在を身近に感じたことがある」と話しています。

彼より少し先輩の星座にあるダイアナ妃の太陽は、彼に手を差し伸べ、「人と人が手を取り合うことの素晴らしさ」を伝えようとしている配置なのです。

彼は母親の考えを受け継ぎ、チャリティー活動を精力的に行っているのも有名な話ですし、まさに多くの人に「手と手を取り合う素晴らしさ」を伝えているのだと思います。

母親であるダイアナ妃もきっとそんな彼らを全力でサポートしていることでしょう。

この「繋がる手」は、あなたが誰かにサポートを受ける時、もしくは、あなたが誰かに手を差し伸べる時に故人のサポートが流れ込むのです。

あなたを助けてくれる人、引き上げてくれる人を故人がそっとサポートすることもあります。

実際に鑑定をさせていただいた方の中には、1人でがんばりすぎてしまう方や他人に頼ったり、甘えたりが苦手な方もいらっしゃいました。だからこそ故人は誰かのサポートを受けることを望んでいます。

また、故人の魂があなたより「先輩の星座」に位置しているので、まるで故人が先にどこかにいってしまったようで「置いてけぼりの感覚」「孤独感」を感じていらっしゃるかもしれません。しかし、それは「人と手を取り合う素晴らしさ」を学ぶことで、少しずつ癒されていくでしょう。

命日が残した、あなた自身の「課題」

「私を助けてください」を言う勇気。そして「助け」を受け取ること。

逆に、「あなたを助けましょう」と言う優しさを持つこと。

これらがこの命日が残した、あなた自身の課題です。

私たちは1人で生きているようですが、実は人と人とがさまざまな影響を受けて、見えないところで補い合い生きています。


「命日占い」をしていますと、多くの素晴らしい方々に出会います。たくさんの人に応援され、かつサポートを受けられる人というのは、自分自身も本気で誰かのことをサポートすることができる人です。**与え上手は受け取り上手なのです。**

そういう方は、さまざまな問題に直面しても不安に流されることはありません。常に、自分の内側を安心感で満たしていて、世界を信頼しているようなエネルギーを感じます。

そしてこの絆では、「助け、助けられる」を経験することが「命日」の残してくれた課題になってくるのです。この課題は実のところ、もともとあなたが人生のテーマとして持っていたものである可能性もあります。「命日」を境に思い出した方も多いかもしれません。

大事なのは、「助け、助けられ」のワンセットを携えることです。

時として人を助けることだけに必死になり、自分のことは二の次……という方がいますが、そうではありません。逆に、調子のいい時だけ助けを求めるばかりの人がいますが、もちろんそれも違います。

ただ助けるのが先か、助けられるのが先か？　と難しく考える必要もありません。とにかくもし今、どうしていいか分からない、という方は勇気を出して「あなたの力が必要です」「助けてください」と言ってみることをお勧めします。

そうして受け取るものをしっかり受け取り、誰かを助けるのはその先でも遅くありません。

「鍵」となる言葉は「無条件の安心感」です。

先ほどの「助け、助けられる」と、どう関係があるの？　と思われるかもしれませんね。

まず占星術的に言えるのは、この「繋がる手」に見られる2人の星座が隣同士、2つ隣同士という関係は、とても生産的な配置だということです。この生産性を生かすために必要なのが「無条件の安心感」という名の土台です。

人は、自分の中に蓄えられている無条件の安心感によって、人にサポートを求めたり、受け取ったりできるようになるのです。

例えば、安心感がなく、自分の心の内側が不安でいっぱいの時、他人からエネルギーを奪うことによって心を埋めようとしてしまいます。極端な例で言えば、他人をどうにか思い通りにしたいと思って支配的になったり、相手を試す行動に出たりして仲をこじらせることもあります。

本当は、少し助けて欲しいだけなのに、相手に素直な自分を見せられなくって、うまく手と手を取り合うチャンスを逃してしまっているのですね。

しかし私たちは、無条件の安心感を常に心に蓄えておくことで、たとえ悩んでいたり心配事があったりしたとしても、素直さを取り戻し、状況を安定させていくことができます。

無条件の安心感とはスマホの充電量のようなものです。充電量が少ないまま外出すると心に余裕がなくなる、という感覚と似ています。

あなたが何かを実現したいなあ、と思った時、また壁にぶつかった時は、自分の中の「安心感」が足りているかどうか？　を確認するといいかもしれません。状況がどうであれ「なんとかなるさ」と少しでも思えていれば、この安心感は足りていますが、そうでない時は、故人との絆から充電させてもらいましょう。

具体的な充電方法は、この後の「もしも悲しみに飲み込まれそうになったら」の項目で触れていきます。

故人からのサインはこうして届く！

あなたが誰かと「助け、助けられる」関係性を築こうとする時、故人のサポートが流れ込みます。どのようなサインで現れるかは人それぞれです。誰かと話している会話の端々にサインを感じたり、湧いてくる感情や感覚で受け取る場合もあります。
あなたの誕生日の星座別にも、アドバイスをお伝えしておきましょう。

あなたの誕生日星座別、故人からのサインを受け取るタイミング

牡羊座：「直感が鈍っているな」という時は少し立ち止まってみましょう。ふっと深呼吸して安心感を感じた時、そこに故人のサポートはあります。

牡牛座：故人との思い出が詰まった食べ物、または故人の大好物を実際に食べてみましょう。それはあなたのパワーフードになります。またそういった食べ物に偶然出会った時は、故人があなたにエールを送っているサインです。

双子座：迷ったりモヤモヤしたりした時は、誰かに話を聞いてもらってください。そ

の会話の中に故人からのメッセージがあるでしょう。

蟹　座：悲しい時、感動した時、なんだか憤りを感じる時……あなたに湧き上がるすべての感情を故人が安心感というハグでしっかり包み込んでくれていることをいつも意識してください。

獅子座：あなたが誰かを本気で応援したい！　と思った時、故人はその人を通して、あなたの魅力をあなたに伝えようとします。

乙女座：誰かに助けてもらうことの必要性をあなたが感じた時、故人はあなたが「助けて」と言えるように後押しをしてくれます。

天秤座：現実の世界であなたの「パートナー」と呼ばれる人、もしくは「先生」と呼ぶ人との関わりから故人のサインを受け取ることができます。

蠍　座：心の奥底にあるあなたの「愛し、愛されたい！」という思いに直面した時、温かい安心のエネルギーであなたの思いを後押ししてくれます。

射手座：あなたが夢を語る時、またその夢に賛同してくれている人との関わりや会話の中に故人のサインがあります。

山羊座：あなたが自分のできることで誰かをサポートしたい！　と思った時、あなたの強みや才能にさらに気づけるようにサインを送ってくれます。

水瓶座：あなたが地球視点（環境問題への取り組みや、差別問題、宗教問題など）で自分ができることを考えようとした時、故人はそんなあなたを後押しするべくサインを送ります。

もしも悲しみに飲み込まれそうになったら

この絆を持つ場合、ただでさえ死別で誰もが感じてしまう「孤独感」をさらに強く感じてしまうことがあります。

その結果、心を閉ざしてしまう場合もあります。「心を閉ざす」と言っても、どちらかというと表面的には普通に人に接しているものの、辛い気持ちを誰にも打ち明けないまま過ごしてしまう……という状態に近いかもしれません。

しかし、あなたは1人ではありません。確かに故人は、肉体を通してあなたに直接、ぬくもりを伝えることはできません。だけど、あなたを一生懸命安心させようと心の中に、ぬくもりを送ってくれています。

ふと不安に押しつぶされそうになった時は、故人から「安心感」という名のぬくもりがあなたの心に流れ込むイメージをしてみてください。

あなたが望めば、いつだって故人は惜しみない愛と安心感をあなたに届けてくれるでしょう。

心の中で、故人と手と手を取り合い、温かな感覚をあなたの中に流し込むだけで、十分充電することができます。実際に心の中でハグをしてもらってもいいでしょう。

故人から温かな安心感を得たあなたは、他の誰かとの人間関係をスムーズに進めていくことができ、それは故人にとってもこの上ない喜びになります。

2人の繋がりは、この世とあの世でこうして強くなる！

「助け、助けられの関係性」
「安心感」
「人との繋がり」
「自分から助けを受け取りに行くこと」

これらのことが2人の繋がりには特に大事であることをお伝えしてきました。

まずは、あなた自身の心の充電を安心感で満たすこと。すると、さまざまな人と手を取り合うことができ、望む現実を歩んでいくこともちろん可能になります。

そうした結果、故人とあなたの関係性はもちろん、あなたの周りの人間関係すべてにおいて、さらに絆を深めていきます。


「繋がる手」の絆は、占星術でいうところの30度と60度の関係性です。ちなみに、星座1つ分の部屋が30度分を指しますから、隣同士が30度、2つ隣の関係が60度となります。いずれにせよこの角度の関係性は両方とも「エネルギーのスムーズな流れ」を表しています。

また、この「流れ」は故人とあなたの間だけではなく、あらゆる「滞り」を流していくことを表しています。私たちの身体に例えるなら「コリ」が取れるイメージです。コリはたった1か所のことなのに、それがあるだけでどうも体全体に不調をきたすもの。血流やリンパの流れを良くすることでコリが取れると、全身が嘘みたいに軽くなりますよね。

故人との関係性が深まるほど、現実世界の人間関係も潤滑になっていくのは、このイメージと同じです。

故人との絆を通して、「ぬくもりを受け取ること」を学んだあなたはその安心感、ぬくもりをあなたの周りの大切な人、または不特定多数の人へ伝えていくことになります。あなたが親なら子供へ、先生なら生徒たちへ、先輩なら後輩へ、そして人生のパートナーへと安心感を渡していくでしょう。

あなたからぬくもりや安心感を受け取った人は、またその先へと安心感という感覚を伝えていくかもしれません。ずっとずっと先の関係性までそのリレーは続いていく可能性があるのです。

「天国に旅立って1か月。夢の中で母と仲直りできました」

今回は、1年前に亡くされたお母様の命日との絆を鑑定させていただきました。ご相談者は50代女性・日土美《ひとみ》さん。

日土美さんの誕生日星座は「蟹座」、お母様の命日星座は「獅子座」です。

実は彼女、お母様を見送られる前に、大好きだったお父様を自死で見送られています。そして、そのことについてお母様にも複雑な思いをいだき、辛く当たっていたこともあったとお話しいただきました。

娘である日土美さんとしては、「父のことを母に守って欲しかった」という思いを持たれてしまったのでしょう。そのような経緯で、お母様とは険悪な時期が長くあったそうです。

その後、お母様は病気で入院され、手術の途中で亡くなられたそうです。

日土美さんは、お母様と仲直りをしたいと心のどこかで思いつつ、それが叶わないまま、〝その時〟を迎えられたそうです。

「死の直前の入院中にどんどん認知症が進み、
面会に行っても私たち姉妹の
顔も名前も分からない状態でしたので、
とうとう仲直りは叶いませんでした」

というエピソードを語る日土美さん。そんなお母様との関係性が気になるということでご依頼いただきました。

日土美さんは、お父様の死の予兆に気づくことができなかったことに罪悪感を感じていることもお話しいただきました。

「家族」という関係において、子供はどうにかして両親を助けたいと健気に思うものです。救えなかった自分を無力だと思ってしまうことがあります。しかし、お父様を救えなかったことに罪悪感を持つ必要もなく、もちろん誰も悪くありません。

それにもかかわらず、日土美さんはお父様だけではなく、お母様の課題までも背負ってしまっていたことになります。

「助けて」と言えなかった日土美さんがここにいたのです。でも、お母様の命日を機に「助け、助けられ」ということがテーマとなります。

そこで星の配置を頼りに、お母様からのメッセージとしてこのようにメッセージを紡がせていただきました。

〝日土美へ

私は生きている間、
ちゃんと人のことを信頼することができない人生でした。
私のことなど誰も分かってくれる人は
いないと思って生きていた気がします。

本当は私には味方がたくさんいたのに、
私の目が曇っていたせいで、
その助けを上手に受け取ることができなかったのです。

きっと私のことを私が一番信頼していなかったのだと、
今なら分かります。
そんな私の未熟さが、あなたを苦しめたことがあったね。
だから、あなたには人と助け合うこと、
手と手を取り合うことの素晴らしさを伝えたいのです。

あなたから誰かを信頼してみることで、
相手はあなたに手を差し伸べてくれるよ。
あなたは、本気で誰かを助けてあげられる人だから、
人から本気で助けてもらえるよ。
そんなあなたの成長を見ながら、私も天で学んでいます〟

そのメッセージを渡した後、日土美さんより、ふと気づいたことがあったと、以下のような感想をいただきました。

「まさに母の死を通してこのことを学んだのだな、という出来事がありました。

少しお恥ずかしい話ではあるのですが、母が他界した時、私たち姉妹には十分な貯金がありませんでした。母の入院費や葬儀や埋葬の費用の支払いなど、どうかき集めても正直足りないな……という状況でした。そんな状況でしたが、周囲の方からいただいたお香典で、すべての費用をちょうど支払うことができたのです。

本当にありがたいなぁ。

こんなふうにちゃんと助けてくれる人がいるのだなと思いました。」

費用が賄えたことが良かったことはもちろん、何よりご本人が「こんなふうに助けてくれる人がいるんだ」と思えたことが大切です。この気づきは今後、日土美さんの人生を大いに助けてくれるものになるでしょう。

また後日、お母様が入院されていた病院の看護師さんからお母様の意外な一面を聞く機会に恵まれたそうです。何でもお母様、院内ではとても明るいお人柄でみんなからの人気者だったそうなのです。

日土美さんによると、このお母様と看護師さんの関係性から「人と信頼関係を築き、そこからの喜びを受け取ること」の大切さを学んだとメッセージをいただきました。

さまざまな事情で、生前のわだかまりをそのままに、お別れを迎える方も多いとお聞きします。もちろん、お互いが生きている間に色々解消しておくことも大事だとは思います。

しかし日土美さんのように、お別れした後であってもお母様との絆を感じることで仲直りの機会は訪れるものだと確信しています。

「母が亡くなってからひと月たったころ、夢の中に出てきた母は、とても楽しそうに暮らしていました。

私は、夢の中の母に、しっかりと
『必要なものは全部お母さんからもらったよ。ありがとう』
と伝えることができました」
こうして、夢で仲直りしたことを確認できた日土美さん。私自身も改めて「魂の存在」を確信した鑑定でした。

Chapter

4

北極星

これは、あなたと私が
この世に生まれるもっと前のお話。
あなたと私の魂は出会っていました。
その時、約束したのです。
いつか共に地球で生きる時が来たら、
お互いの夢を応援し合おうと。

そして、もう1つ、
こんな約束もしました。
「どちらかが地球を離れた後も、
応援し合おう」と。
だから、今、その約束を果たそうとしています。

あなたの人生の航海はまだ続きます。
どうやらあなたには、

たどり着きたいところがあるようです。

私は、そんなあなたを、
いつだって力強く照らし出す
北極星になりましょう。

私は揺るがない光を放つ北極星となり、
あなたが魂の約束の地に着くための印になります。
あなたは何の心配もしなくていいのです。
ただ情熱の灯をいつも思い出してください。

「北極星」が持つ基本の意味

2人には、生まれる前から決めていた、魂同士の約束がありました。それはお互いの挑戦を応援し合うということ。しかもその約束の内容には、どちらかが先にこの世を去った後も「約束の火を絶やさないこと」が含まれていました。

生前はさまざまな制限の中で十分に応援し合うことができなかったとしても、今、故人はこの約束を果たそうとしています。あの世から故人はあなたがこの世で挑戦する気持ちを忘れないように、また途中で迷わないようにと、あなたの夢や目標を照らし出しているのです。

それはまるで迷える旅人を目的の場所まで導く「北極星」のような光として。

一方、あなたはこのお別れ以来、どこか自分の人生がシャープになってくるような感覚を覚えます。

例えば、具体的な目的が見えてきた人もいらっしゃるかもしれません。もしくは、具体的な目的が見えなくとも、「自分の人生をしっかり歩いていきたい」と少しずつ

「北極星」の
星の配置図

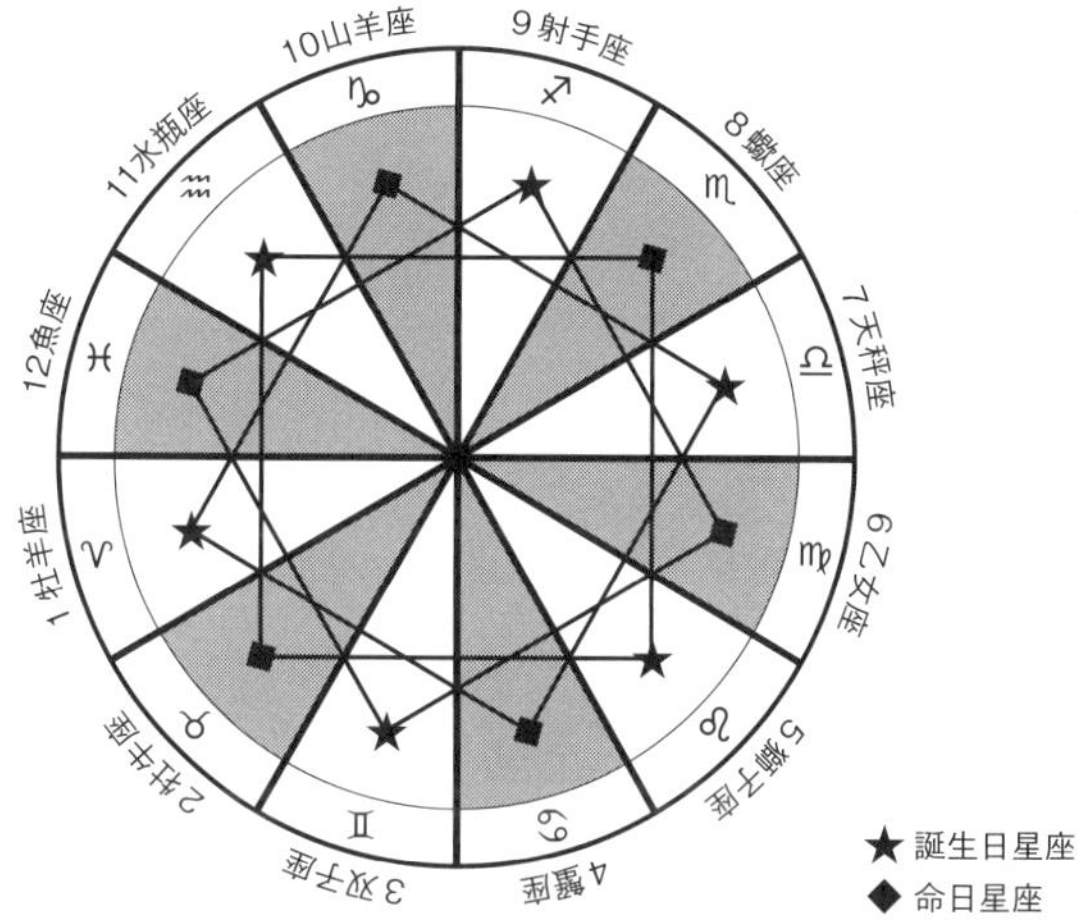

心に火が灯るような感覚を持った方もいるかもしれません。その感覚はすべて、あなたの魂が故人との約束を思い出しているからに他なりません。

このあなた自身に起こる変化について、簡単に占星術的な解説をさせていただきましょう。

上の図をご覧ください。「北極星」という関係性は、図で示すような線で結ばれています。

さらにこの図において「白」と「黒」に分かれている部屋の色の違いについて。

これは、牡羊座から順番に陽（＋）陰（－）陽（＋）陰（－）……となっていることを表しています。

つまり、「白」に分類される奇数番のついた牡羊座、双子座、獅子座……は、「陽（＋）の星座」。一方、「黒」に分類される偶数番のついた牡牛座、蟹座、乙女座……は、「陰（－）の星座」となります。

そして、この「北極星」に関しては、「誕生日星座側（あなた）」が陽（＋）の星座の時にのみ成立します。

誕生日星座が「陽（＋）の星座」であることは、人生に対して能動的に取り組む性質を持ちます。「欲しいものは自分で手に入れるんだ！」と気概に満ちた魂の持ち主で、それがあなたらしさの柱となっています。

ちなみに「陰（－）の星座」は、あらゆることを受け取った上で、その反応として行動に変えていく性質があります。

例えば、じっくり人の意見を聞いて、自分なりのスタンスを決めたり、環境に応じてどう対応すべきかを打ち出せる資質の持ち主です。

その基本性格を踏まえた上で、いよいよあなたと故人の関係性を見ていきましょう。

あなたの「誕生日星座」と故人の「命日星座」は、先述の通り、それぞれ陰と陽のペアとなり、「命日星座」は陰（－）の星座でした。その位置関係の時、「あなたの星」と「故人の星」は、先ほどの図をご覧の通りかならず直角（星座の部屋3つ分）で結ばれる配置をとります。

占星術で、この直角＝90度の関係は、「葛藤をもたらす」と言われます。ですが、これは決してマイナスイメージに捉える必要はありません。

2人の関係性からは、葛藤を発展に変えていくような力強い創造性が溢れています。

あなたが人生における新しい扉を開こうとする時、きっと選択に迷うことがあるでしょう。ともすれば、実際に困難に出くわすこともあるかと思います。そんな時、故人は、どんな挑戦でもあなたの人生を丸ごと受け止めてくれます。

そして「北極星」のような揺るぎない「光」となり、道に迷わぬようにサポートしてくれます。

つまり、あなたが「諦めたくない何か」に向かって挑戦する気持ちを持ち続けることで2人の絆は、強くなっていくのです。

小林麻央さんの「命日星座」と
長男勸玄くんの「誕生日星座」の関係性

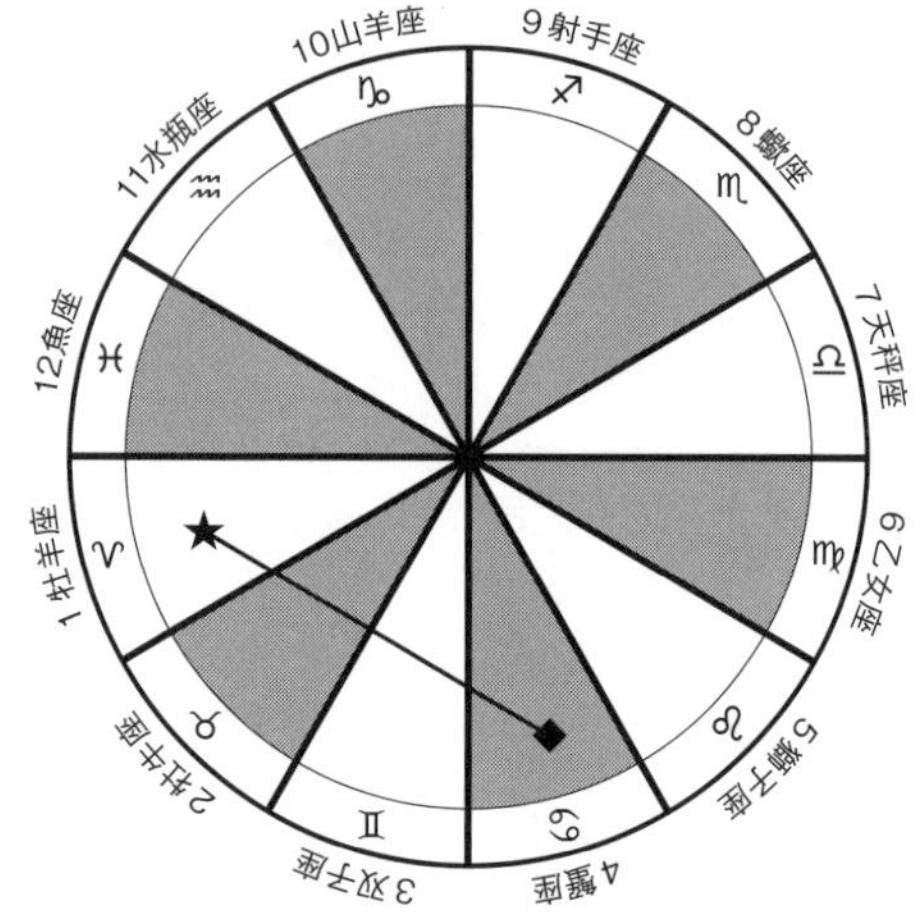

上の図は、２０１７年に乳がんで若くして天に旅立った小林麻央さん（２０１７年６月22日命日）の「命日星座（蟹座）」と、歌舞伎役者・市川海老蔵さんの間に生まれた長男・勸玄《かんげん》くん（２０１３年３月22日）の「誕生日星座（牡羊座）」の位置を示したものです。

私は、彼女が病床にある時のブログをいつも拝見し、その優しくたくましい生き方に感銘を受けておりました。

お２人の配置図を見ると、母である麻央さんが北極星のごとくぶれない光となり、息子さんの魂である太陽を導いているのです。

麻央さんが天に旅立たれた当時、勸玄くんは4歳。死を受け止めるには、まだ幼すぎました。ですが最近では、舞台でも大活躍で歌舞伎の宙乗りにも挑戦したとか。

彼には、生まれ持っての歌舞伎という使命があり、これからも数々の舞台、そして挑戦を繰り返していかれるでしょう。そして、これから成長していく中、長い歌舞伎人生において喜びも葛藤もあるでしょう。

母である麻央さんは、そんな勸玄くんの人生をこれからも、時にハラハラしながらも見守ってらっしゃるようです。そして、夫である海老蔵さんと共に彼を揺るがない光で優しく、そして時には母として厳しく、導き続けていかれることでしょう。

「北極星」という関係性は、能動的に人生に取り組むあなたに対し、挑戦し続けられるよう、故人がその足元、そして行き先を照らしてくれる存在となってくれるのです。

時にあなたはその光を通じて温かな愛に癒されることもあるでしょう。時には、母が子に与えるような愛ある厳しさを感じることもあるでしょう。

それはすべてあなたが「諦めたくない何か」のためのサポートなのです。

「葛藤を発展に変えていく」。

そして、「本当に欲しいものに向かって、挑戦する」。

この2つがこの命日が残したあなた自身の課題です。

「葛藤」という言葉は、穏やかではない響きを伴います。しかし、占星術でいう葛藤をもたらす＝90度という関係は、「物事を突破する力」にもなり、「パワフルな力」を秘めていることもお伝えせねばなりません。


先ほどの勧玄くんはたった4歳という一番お母さんが恋しい年頃に別れを経験することとなりました。

「死ぬってどういうことなのか？」はまだ分からなかったかもしれません。実際、お母さんが亡くなったことを理解するのには時間がかかったそうです。


お別れ後のあなたも「故人となぜこんな別れをしなければならなかったのか」と、

消化できない思いをどこかに残しながら進むことになっているかもしれません。

ただ、だからこそ「私の人生このまま終わっていいのだろうか」と他の人があまり持たない意識を持つとも言えます。そして、その思いはあなたの人生をシャープに、色鮮やかにしていきます。簡単に言えば、その特別な意識により未来に対する可能性を見出していくからです。


多くの方の人生に寄り添っていますと「目の前の人の未来を信じることの大切さ」を痛感することがあります。

私の元に訪れるご相談者は、時として自分の未来に絶望していることがあります。

しかし、本人が絶望の最中にあっても、目の前にいる誰かが「それでも私はあなたの輝く未来が見えるよ」とぶれない姿勢でいつづけると、その方は少しずつ、光を見るようになります。


その点、故人はあなたに「あなたは、自分の欲しい未来を取りにいける人だよ！」と呼びかけ、そう気づけるようにヒントを与え、支えてくれます。

故人とあなたの絆は、「あなたが望む未来」へ向かうエネルギーをどんどん高めてくれているのです。そんなプロセスを歩むあなたは、人一倍、「自分が求めていること」に気づきやすい人と言えます。

それってすごいことです。実は多くの方を鑑定していると、「自分が本当に求めていることに気づいている人は意外と少ないなあ」と感じるからです。もしくは、薄々望みに気づいていても、「そんなの私には無理！」と、自分の気持ちを突き放している人もいらっしゃいます。

さらに本当は求めていることなのに、過去の傷ついた記憶から気持ちをなかったことにしている場合も多々あります。

「本当は私だけを愛してくれる人と過ごしたい」
「本当は田舎でゆっくり暮らしたい」
「本当は子供をもっと愛したい」
「本当はもっと豊かに生きたい」

こんな気持ちに心当たりのある方も多いのではないでしょうか。その思いを実現させようとする時、まず必要になってくるのは、「ああ、私はこれが欲しかったんだ」「本当はこうなりたかったんだ」と自分の本心に許可を与えていくこと。

故人のサポートを受け取りやすくするポイントは、「絶対、手に入れてやる！」と、がむしゃらになるのではなく、あくまでも力が抜けていること。

「ああ、これが私の求めているものなんだ」と力まず、自分の欲求に素直になるほうが早道になるのです。

きっとそのプロセスの中で「ああ、生きていて良かったな」と北極星が輝く夜空を見上げたくなるような夜がやってくることと思います。

もちろん故人はそんなあなたを喜びの笑顔で労《ねぎら》ってくれるでしょう。

命日が残した課題を解く「鍵」

「これだけは譲れないものは何か？」が、「鍵」となる問いかけです。

人によって欲しいものは実にさまざまです。「年収1億円！」と具体的に目標を掲げる人もいれば、「毎日笑顔で家族と過ごすこと」と暮らしに根づいた望みを持つ方もいます。もちろんどちらも素晴らしいことです。

ただし大事なのは、あなたの心が真に望んでいるものを意識するということ。その願いの本性をあぶり出す問いが「これだけは譲れないものは何か？」なのです。

故人はそんなあなたの思いに応えるかのように、「あなたはそれを手に入れられる存在だよ！」という光を見せてくれるはずです。

情報過多な現代に生きる私たちは、さまざまな人の価値観に触れすぎた結果、「価値観」や「豊かさ」の感度が鈍くなっていることが多いと言えます。

そんな感度が鈍った状態で、「本当に欲しいものはなんだろう？」と自問自答しても色々な価値観が混ざり合って返答に迷うでしょう。その点、「これだけは譲れないもの」というのは、誰もが1つぐらいは持っているものなのです。

幸せの形は人それぞれです。いきなり具体的には浮かばなくても大丈夫です。焦らなくても大丈夫です。葛藤していても大丈夫です。

「私の人生、これだけは譲れないものってなんだろう」と頭の片隅に置いておいてください。その質問が故人との架け橋となり、あなたの人生を輝くものにしていくでしょう。

私はいかなる時も、どんな仕事についても「人に何かを伝えることが喜びである」を譲れない思いとして持っています。だからこそ、こうして本を書くに至っているのだと思います。

自分の譲れないことを知る、そして許可を下ろしていく。そんなプロセスを故人はいつでもサポートしてくれます。

故人からのサインはこうして届く！

故人は、あなたが自分に欲しいものに許可を下ろし、そのゴールに向かうプロセスを北極星のように揺るがぬ光となって、サポートしてくれています。

その光をどのように受け取るといいか？

誕生日星座別にアドバイスをお伝えしておきましょう。

あなたの誕生日星座別、故人からのサポートの受け取り方

牡羊座：あなたはもともと直感に優れた人です。しかし直感通りに行動するのはドキドキしますよね。そんな時、あなたの直感を後押ししてくれるかのように、

「次の一手」をひらめくことがあるでしょう。そのひらめきは故人からのサポートです。つまり、理屈ではなく、次の一手が浮かぶ時はゴーサインです。

双子座：あなたは世の中の不完全なものを「調和」で満たしたい！　と思うところがあります。そんな、あなたを後押ししてくれるかのように「こうすればいいんだよ！」という情報がやってくることがあります。それこそが故人のサポートです。もう取り掛かる他ありません。

獅子座：あなたには自分の人生をプロデュースする力があります。そんなあなたが活躍する場を他の誰かが提案してくれる時があるでしょう。そして、そのプロセスの中に故人のサポートを感じるはず。

天秤座：あなたには人一倍客観的に物事を見る力があります。その力のせいで逆に、時として周囲を優先し「自分がやりたいこと」が分からなくなることもあるでしょう。しかし、故人はあなたの才能を生かしていけるよう、ベストな選択をするサポートをしてくれます。

射手座：あなたはどんな時も「なんとかなるさ！」という真の明るさを持っている人です。あなたがその力を発揮しようとする時、具体的な方法にたどりつけるようサポートしてくれます。

水瓶座：あなたは人一倍、大きな視野を持った人です。その力のせいで逆に、時として自分の個性を大きな世界の中に埋没させてしまうことがあります。そんな時、故人はあなたが自分の個性に気づくようなサインを送るでしょう。

もしも悲しみに飲み込まれそうになったら

この2人の関係性には、「葛藤」を「発展」に変えていくようなパワフルさがあります。ただし、それゆえに葛藤やネガティブな感情を引き寄せる関係性でもあり、激動の出来事が続くこともあるかもしれません。

また、ここで言う「ネガティブな感情」とはさまざまですが、悲しみ、ショック、喪失感、さみしさ、心細さ、といったものよりは、「怒り」や「悔しい思い」が特に強く出てきます。

さらにこの「怒り」は、「なぜ！」「どうして！」という部類の怒りです。

「なぜ、私をおいて先に天に行ってしまったの！」

「なぜ、死ぬ前に何も伝えてくれなかったの！」

「生前のあなたは、なぜ私に辛く当たったの！」

「なぜ生きている間に謝ってくれなかったの！」

「あなただけがなぜ死ななければならなかったの！」

「運命はなんて不条理なんだ！」


と、その怒り、悔しさに込められる思いは、お別れの数だけあるでしょう。これらすべてに共通しているのは、「どこにもぶつけようのない怒り」である、ということです。

そしてこの怒りが特に問題になるのは、誰にぶつけていいか分からず、心の中に押し込めてなかったふりをする時です。なぜなら「怒り」をなかったことにはできず、あなたの中に存在し続け、それはいつの間にか自分への怒りへと転化していくからです。外に向けられるべき怒りが自分へと向いてしまうのです。

その結果、無力感や絶望感が押し寄せてくるといった経験をされている方もいらっしゃるのではないでしょうか。

もしそうなった場合、憤りや納得がいかない気持ちを自分に向けるのではなく、外側に吐き出すことが大事です。

……とは言ったものの、信頼できる専門医がいれば別ですが、自分の中でぐるぐると渦巻いた怒りを、いきなり上手に外側に出すのは、そんなに容易なことではありませんよね。

そこでやってみていただきたいことが、故人に手紙を書いてみることです。これなら1人でもできます。それに、故人は、あなたのどんな思いも受け止めたいのです。

「どうして私を置いて先に行ってしまったの！

どうして私を傷つけたまま、何も謝らずに行ってしまったの！」

洗いざらい、殴り書きでもいいので、紙とペンを用意して書いてみましょう。故人のことでなくてもとにかく自分の中に巻き起こる「怒り」をぶつけてみてください。

ただし、自分を責める言葉は逆効果になるので書かないようにしてくださいね。自責の念はあなたの中で堂々巡りを繰り返してしまうだけとなります。

「私が悪いんだ」とか「私が無力なんだ」「どうせ私なんて」といった気持ちになる

もっと手前のところで、あなたは我慢していたことがあるはずです。自分にではなく自分以外の何かに怒っていたはずなのです。それに、あなたが自分を責めたとしても、故人は間違いなく、あなたに向かってこう言います。

〝あなたはなんにも悪くないよ。ごめんね。そんな思いをさせて〟

気が済むまで書いた後は、あなたはただ、「ありがとう」と故人に伝えればいいのです。大事なのは「私は怒っていいんだ」と自分に湧き上がる怒りを許すことです。

2人の繋がりは、この世とあの世でこうして強くなる！

「陰」と「陽」、「プラス」と「マイナス」など、対極にあるもの同士が揃うと何かが生まれるのが宇宙の原理。例えば「男」と「女」の間には「新しい命」が生まれ、さらに「親」と「子」の間には「愛」が生まれます。

そしてこの「北極星」という関係性では、あなたの誕生日星座は「陽（＋）」、故人の命日星座は「陰（－）」でしたね。

この対極の関係性により、互いが刺激を与え合い、何かを生み出そうとします。

この関係性では、あなたが心からの夢や目標に向かって挑戦し続ける時、特にその「何かを生み出そうとするパワー」が引き出されます。

かと言って、「なにか明確な目標を見つけないと！」と必死になる必要はありません。日常の中にあなたの魂を輝かせるきらめきはたくさんあります。

以前、「一般視聴者の夢を叶える」という企画番組を見ていた時のこと。

画面に映っていたのは長年、海苔漁師をやられてきた徳永さんという男性。

徳永さんがある日、テレビを見ていると、「ラ・カンパネラ」という美しくもかなりの難曲を弾いている世界的なピアニストの姿があったそうです。……その姿を見た徳永さんは、「なんて美しい音色なんだ！　自分もこの曲をピアノで弾きたい！」と一念発起しました。日常の中にきらめきを見つけたんですね。

彼はもちろん、これまでクラシック音楽にはなんの興味もない漁師さんでした。しかも仕事以外は、パチンコに明け暮れていたそうです。

奥様の財布からお金をくすねようとしたこともあったとか（笑）。

そんな彼が日常の中に「きらめき」を見つけたのです。

すごいのはここから。なんと徳永さん、1日ワンフレーズをＹｏｕＴｕｂｅを見て覚えるという独自のやり方で1年後、見事「ラ・カンパネラ」を弾けるようになったのです。

私は大学の専攻が音楽でしたので、そのすごさが分かります。この曲は練習すれば弾けるものではありません。私の中の常識も崩れた出来事でした。

彼の漁師として培ってきた「粘り強さ」や何かに憧れる「純粋さ」などさまざまな資質が組み合わさって開花したのだと思います。何よりもその番組内で彼自身が「今が人生で一番輝いている時」と話している姿がとっても印象的でした（今もネットで、「海苔漁師　ラ・カンパネラ」で検索すると記事や動画をご覧いただけると思います）。

さて、日常から見つけられる魂が揺さぶられるほどのきらめきは、無駄に感じているわけではなく、未来の自分からのメッセージであるように思うのです。

まさに北極星の光のようです。

故人は、このきらめきをあなたが見つけやすいようにサポートしてくれています。あなたが自分で意識していない才能をも照らし出してくれると言い換えてもいいでしょう。そして、あなたの人生は以前よりシャープさを増し、鮮やかさを増していきます。

あなたがこの世で、本領を発揮すればするほど、故人の魂も進化し、照らし出す北極星が放つ光も強く、大きくなります。もっと広い世界へ飛び込んでも大丈夫なように、もっと強く、大きくなるのです！

さらに先ほどの漁師の徳永さんが多くの人の勇気になったように、あなたがあなたの夢に向かって進む時、周囲の人たちも連鎖反応的に「本当になりたい自分」に向かって歩んでいくことになります。

あなたと故人の魂は、そうやって現実に変化を起こしていく力があります。

さまざまな人が自分の眠っている可能性に気づき、見せかけではない本当の目標に向かって進むことを互いに応援し合う世界を生み出していくのです。

「絶縁状態だった母が私に示した愛のしるし」

40代女性・tomoさんからのご相談をご紹介させていただきましょう。鑑定させていただいたのは亡くなられたお母様との絆です。

実は亡くなられる10年前、tomoさんはお母様との縁をご自身から絶たれていたとのこと。ご本人の言葉をお借りすると「お母様から精神的虐待を受けていた」ことが原因だそうです。

tomoさんは、そのお母様が危篤の連絡を受け、病院に向かわれたそうですが、その際も、

「私の頭には母が死ぬことより母への恐怖しかなかった」

と語られていました。

どんなに複雑な思いだったかこのひと言が物語っているようです。

tomoさんが病院に向かわれた10日後、お母様は天に旅立たれたました。

この「北極星」は葛藤を発展に変えていくような位置関係であり、まさにその葛藤を別れの時から経験されているケースです。

お母様が亡くなられた後も、葛藤した気持ちを抱えながら「母の気持ちを知りたい」とおっしゃるtomoさん。普通に考えると、目を背けてしまうのが自然だと思いますが、tomoさんは果敢に向き合おうとされていました。

過去、絶縁をされた時も、とても辛かったでしょうし、お別れの時もとても複雑な思いを抱えてらっしゃったことでしょう。子供は親に本来は優しい愛情を求めるのが自然なことで、それが受け入れられないまま、別れの日を迎えてしまうことは子供としては切なすぎます。

鑑定でお伝えさせていただいたのは、3つ。

・命日の太陽は「tomoさんの人生の目的を鮮やかに映し出していく」関係性であること。
・お母様とのお別れを機に、tomoさんの人生の目標、人生の灯台のようなものがようやく見えてくるということ。
・生前のお母様は良くも悪くも自分と相手の境界線がない方で、愛情深くもあり、だからこそ自分の思う相手でないと不安に駆られるところがあった。しかし、天に旅立たれた今は、その愛情深さは「守る力」として発揮されていること。

生前の関係性がどんなに葛藤を伴うものであった場合でも、お別れの後から「解決」「解放」に向かって、互いが成長していくことができる、と命日占いでは考えます。tomoさんのお母様の命日星座はとても愛情深い性質を持っています。そして守る力の強さを表す星座でしたので、きっと「うまく伝えられなかった愛情を天から精一杯伝える」ということに空の上で取り組まれているのでしょう。

鑑定後、tomoさんより、このようなメッセージをいただきました。

「私自身が受け取ってるメッセージが気のせいではなく、正しかったんだと思えることが励みとなりました。

亡くなってさほど経っていないのに、私の環境は大きく変わりました。

すごく意図したわけではなく色んな出会いがあり学びがあり、全くの別世界で生きてるような状況を過ごしています。

やっと自分の足で歩き始めている、そんな感覚です。

初めてのことをやるにしても不思議なことに不安もなくタイミングや流れは、いつも整っていて母に見守ってもらえている、大きな深い愛に包まれているなぁと思います。

母は次元が違う世界に行ってしまったけど、ちゃんと繋がっている、という絆を感じます」


tomoさんはこれから、お母様がご存命だった頃の関係の中で心に抱えてしまった制限を取り払い、「私にはこんな力があったんだ！」と新しい可能性にも目覚めていかれることでしょう。

たとえ、過去のお母さんに対して責める気持ちや、怒る気持ちが湧いてきたとしてもお母様はその気持ちすら受け止めてくださります。そして、これからtomoさんの人生の中でしっかりと揺るがない北極星となり、夢に向かって進む姿を見守っていかれることでしょう。

Chapter

5

天の川

天の川の伝説の中で、
織姫と彦星の間に流れる天の川。

それは2人を「隔てるもの」なのか、
2人を繋ぐ「愛の流れ」なのか。
きっと、どちらも真実。

そして、私とあなたの間にも
天の川が流れている。

あの世とこの世に隔てられた関係。
でも、ずっと愛で繋がっている。

「もっとこうしていれば」
「なぜ、こうなってしまったんだろう」

あなたは過去に何かを留めたまま、
地上にいるかもしれない。
心配する必要はないよ。

愛で満たされた川はキラキラ流れ、
あなたが過去に置いてきた後悔も
すべて洗い流してくれるから。

「天の川」が持つ基本の意味

2人の魂は、「人生には無駄な過去はないこと」を学び合う関係性です。

命日占いの10個の絆に共通しているのが「過去にある悲しみを書き換えていく、生きる力に変えていく」というテーマを持っていること。ですが、この関係は特にそのテーマ性をより色濃く持っています。

実際の「天の川」というと、夜空を横切るように存在する星の大集団で、世界各地にさまざまな伝説が残されています。エジプトでは「天のナイル」、インドでは「天のガンジス川」と呼ばれ、昔の人にとって、天の川は天の世界を流れる川でした。

一方、地上において昔の人にとっての「川」とは、洗濯をしたり、体を清めたり、野菜を洗ったりと、「何かを洗い流す」場所として日常にあるものでした。

まさにこの「天の川」という関係性においても、天にいる故人が、あなたの「不要な過去」を洗い流してくれる絆を表しているのです。過去を洗い流すことで、あなたが「今」に対してより集中できるようにサポートしてくれています。

「天の川」の
星の配置図

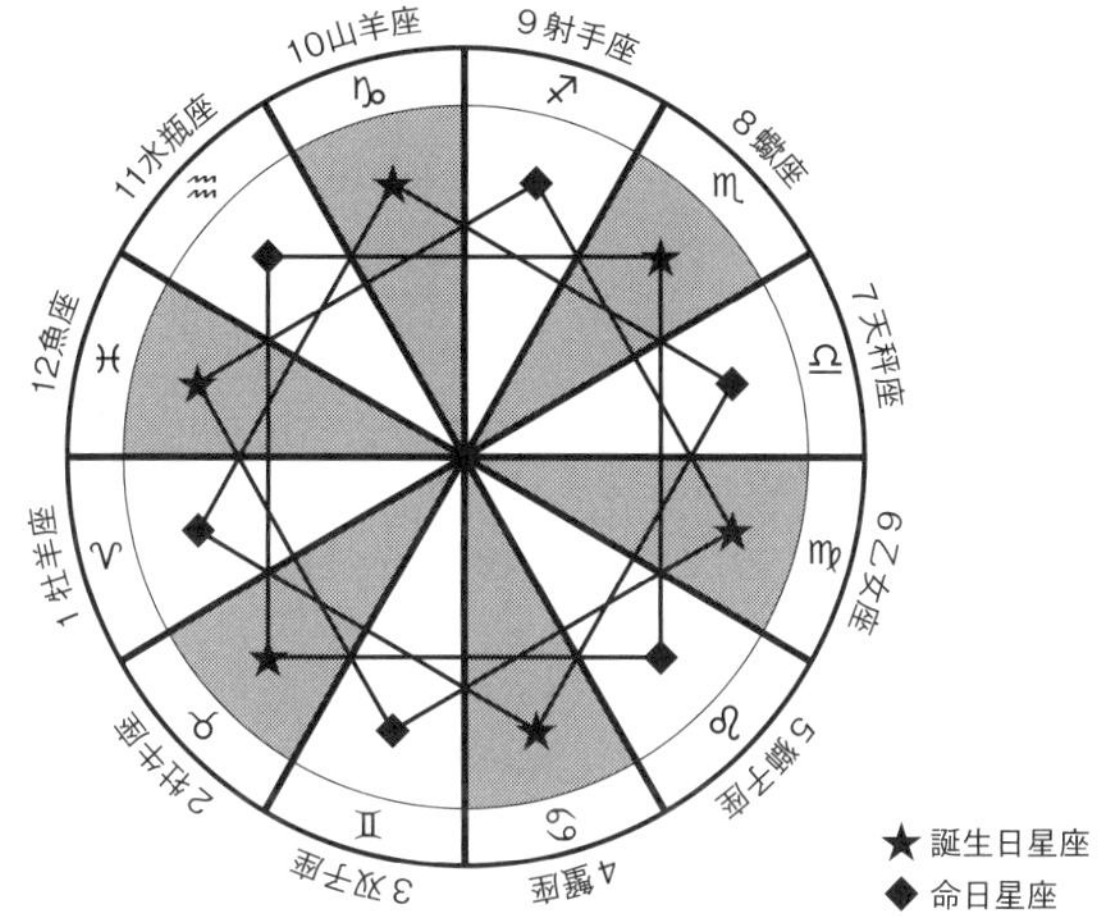

そのあなたと故人の関係性について、簡単に占星術的な解説をさせていただきましょう。

「天の川」という関係性は、上の図で示すような線で結ばれています。

さらにこの図において「白」と「黒」に分かれている色の違いについて。これは、牡羊座から順番に陽（＋）陰（－）陽（＋）陰（－）……となっていることを表しています。

つまり、「白」に分類される奇数番のついた牡羊座、双子座、獅子座……は、「陽（＋）の星座」。一方、「黒」に分類される偶数番のついた牡牛座、蟹座、乙女座……は、「陰（－）の星座」となります。

そして、この「天の川」に関しては、「誕生日星座側（あなた）」が陰（－）の星座の時にのみ成立します（「命日星座（故人）」は逆にかならず陽（＋）の星座となります）。

占星術において、誕生日星座が陰（－）の方は、「自分の内側を見つめる力」に長けていると言われます。受容力も素晴らしく、しっかりと何かを受け取った上で前に進んでいく人です。そして自分の内側と向き合う力も強いです。

それだけに裏を返せば、過去の出来事や思いも自分の内側に抱えやすいですし、そういった過去や外側の環境、さらに人間関係に影響を受けやすいとも言えます。そんなあなたが「今ここ」に集中できるよう、不要なものを洗い流して、すべて光に変えてくれるのが天にいる故人なのです。

故人からの働きを証明するように、「あなたの星」と「故人の星」の配置は、図をご覧の通りかならず90度（星座の部屋3つ分）で結ばれています。

占星術でこの90度＝直角の関係は「葛藤」を意味します。ですが、時代の進化と共に人の意識も進化しており、昨今の占星術においては「90度はとてもクリエイティブな角度」と解釈することもありました。
つまり、この「天の川」の絆も、２人の関係性によって過去を洗い流していくことで、あなたは何度でも生まれ変わり、この世に新しい何かを創造していくことができるのです。

この「天の川」の絆を持つ２人に、「車椅子の博士」として有名なスティーヴン・ホーキング博士と天才科学者アルベルト・アインシュタイン博士の絆が挙げられます。「宇宙の起源」「ブラックホール」というキーワードが好きな方なら一度は聞いたことがある名前ではないでしょうか。それぞれの生没年月日は以下になります。

スティーヴン・ホーキング博士
１９４２年１月８日生まれ（山羊座）―２０１８年３月14日命日（魚座）
アルベルト・アインシュタイン博士
１８７９年３月14日生まれ（魚座）―１９５５年４月18日命日（牡羊座）

彼らが活躍した時代は異なり、なんの接点もありません。しかし2人には魂の絆があると思わざるを得ない理由があります。ホーキング博士の命日とアインシュタイン博士の誕生日が同じ日にちなのです。冒頭でもお伝えした通り、それこそが私が命日の神秘というものに注目するきっかけにもなったのです。

「最も影響を受けた科学者は誰ですか？」というＪＡＸＡのインタビューで、ホーキング博士は、こう答えています。

「ガリレオとアインシュタインです。ガリレオは観測を重視し、現代的な科学者として先駆者的な役割を果たしました。そして、アインシュタイン。彼は最高の科学者です」と。

また、ホーキング博士には、子供の頃「アインシュタイン」というあだ名で呼ばれていたというエピソードも残っています。

2人とも宇宙の成り立ちを究明しようとした偉大な科学者です。その2人が、星座の符合だけならまだしも日にちまで同じとは、魂の繋がりを感じざるを得ません。

さらにもう1つ神秘な繋がりがありましたよね。そう、歴史的に遡《さかのぼ》ると天文学の父であるガリレオ・ガリレイの命日がホーキング博士の誕生日でした。ガリレオ没後300年の日に生まれたのです。これは偶然で片付けられない事実です。

ガリレオ・ガリレイ
1564年2月15日生まれ（水瓶座）―1642年1月8日命日（山羊座）

アルベルト・アインシュタイン博士
1879年3月14日生まれ（魚座）―1955年4月18日命日（牡羊座）

スティーヴン・ホーキング博士
1942年1月8日生まれ（山羊座）―2018年3月14日命日（魚座）

3名ともが宇宙の起源を追い求めた科学者でしたが、魂は時代を超えて確実に繋がりを持っているのです。

さてそれでは、アインシュタイン博士とホーキング博士の「関係性」について触れていきましょう。

ホーキング博士が持つ「陰（二）の誕生日星座」の性質が表す通り、彼は持ち前の「受容力」を武器に、アインシュタイン博士の実績を受け取った上で、独自の論、新しい世界観を展開していきました。

ただご存知の通り、決して平坦な人生だとは言えません。彼が難病となり車椅子生活になったのは21歳の時。そんな彼を、アインシュタイン博士の魂はあの世からまさに「過去にある悲しみを書き換え、生きる力に変えていく」というサポートをしていたのだと思います。さらに、自分がやり残した仕事を彼と共に宇宙から取り組んでいたのではないでしょうか。

この2人にまつわるエピソードにも表れている通り、「天の川」という関係性は、前に進むために不要な思いを手放し、今を生きる喜びを思い起こさせてくれるような絆の形なのです。

命日が残した、あなた自身の「課題」

「過去が作り出した心の制限に気づく」。そして「今を生きる」。
この2つがこの命日が残したあなた自身の課題です。

私たちは人生の中で「どんな時に傷ついたのか？」をすべて心に刻みます。それはまるでデータをメモリーに書き込むように。なぜなら二度と傷つきたくないからです。そして、私たちはそのメモリーによって弾き出された結果で、行動や選択をします。もちろんすべて無意識下で起こることです。

例えば、あなたが小学生の頃、クラスで積極的に意見を言うと悪目立ちし、仲間外れにされた経験が続いたとしましょう。すると、大人になって人に何かアピールしたり、自分を表現しようとしたりした時、ブレーキがかかってしまうことがあります。

「自分らしく振る舞うと1人ぼっちになるかもしれない」という過去に刻んだメモリーが発動してしまうのです。

もちろん、今は大人になったんだし「自分の意見」を主張したからといって、仲間外れにする人などいない……と、分かっているのにもかかわらず「1人ぼっちになってしまう！」という思いが発動してしまいます。

この働きは、過去のメモリーが自分を守ってくれている一環ではあるものの、前に進むためには不要なものです。

故人は、そんなあなたがすんなりそのメモリーを手放せるよう「そのメモリーはもう手放して大丈夫だよ！」というサインを送り続けてくれます。

そのサインは、自ずとあなたの感覚でキャッチできます。

何かうまく進めない時、行き詰まった時に、「ああ、まただ……」と心の中でつぶやきたくなる時があるでしょう。実はその思いこそが、故人からのサインなのです。

「また×××をやっちゃってるな」という感覚が、とても重要で、この「×××」に当てはまる言葉こそ、あなたが手放すことが必要なメモリーです。

こうやって抱えていたメモリーを言葉にできた時、故人はそれをきれいに洗い流してくれます。

「きれいに洗い流す」と言うと、「過去を否定する」というイメージを持たれる方もいらっしゃるかもしれませんが、決してそうではありません。

なぜなら、故人はあなたの過去さえ愛おしいと思っているからです。あなたを作り上げてきた1つ1つの出来事や体験を心から尊重しているのです。

なお逆説的ですが、真の意味で不要になったメモリーを手放すには、過去を否定するのではなく、愛おしみ、尊重し、「今まで私を守ってくれてありがとう！」という気持ちで見送ることが大事です。

しかし、それは時に1人の力では難しい時があります。

だからこそ故人が一緒に感謝と尊重の気持ちで見送ってくれています。

ですからあなたは、故人からのかけがえのない愛を「課題」を通して受け取っていただきたいと思います。

「鍵」となるのは「それは本当?」という自分への問いかけです。

先ほどの例で言うと、「自分らしく振る舞うと1人ぼっちになるかもしれない」というメモリーが発動したなと自覚があった場合、「それは本当?」と自分に問いかけてみて欲しいのです。

すると、ちゃんと理由が答えられないことに気づくでしょう。なんと言っても、自分で勝手に作った思い込み。「ダメな理由」など、存在するわけがないのです。

そうやって自問自答を繰り返していった結果、自分の中の不要なメモリーを手放すことができます。

またそれ以前に、過去のどんなメモリーが、うまくいかない現実に対してどう影響しているか分からない場合もあるでしょう。

そのような時は、今回の場合で言うと、

「自分らしく振る舞うと、何が問題なの?」と自分に問いかけてみてください。

すると例えば「だって嫌われるかもしれない」「だって仲間外れにされるかもしれないし」という答えが出てきます。その答えに対しさらに「それは本当？」と問いかけてみます。

すると最後にはかならず「いや、そうじゃない。自分で勝手に決めつけていただけだ……」と気づく瞬間が来るはずです。

慣れるまでコツが必要ですが、この2つの問いかけは、不要となった自分のメモリーに気づき、前に進むためにとても役に立ちます。あなたの場合、その質問に対して故人のサポートが入るので、手放そうと決めたら、実際助けも入りやすくなります。

故人からのサインはこうして届く！

故人は、あなたが今を生きるために制限となっている「過去のメモリー」を解放するサポートをしてくれています。そのサポートを受け取るヒントとして、あなたが制限と感じやすいことを誕生日星座別にお伝えしておきましょう。

あなたの誕生日星座別、あなたが「制限」と感じやすいこと

牡牛座：「場を乱しちゃいけない」とか「損しちゃいけない」と思う気持ちが強すぎて、新しい展開に制限をかけやすいところがあります。

蟹　座：「先に、人の気持ちを汲まなきゃいけない」と思う気持ちが強すぎて、自分の思いを語ることに制限をかけやすいところがあります。

乙女座：「何事も完璧にしないといけない」と思う気持ちが強すぎて、新しい出発をやめてしまいやすいところがあります。

蠍　座：「信頼されなかったらどうしよう」と思う気持ちが強すぎて、新しい人間関係に飛び込むのをやめてしまいやすいところがあります。

山羊座：「認められなかったらどうしよう」と思う気持ちが強すぎて、自信を持って行動することをためらいがちになります。

魚　座：「みんなの問題が解決しなかったらどうしよう」と思う気持ちが強すぎて、色々な問題を1人で背負い込み、自分の思いを優先することに制限をかけがちになります。

＊

「あなたが自らかけやすい制限」に気づいたら、「今までその制限を持つことで私は私のことを守ってきたけど、もう手放します！」と心の中で宣言すると、故人からその思いを手放すサポートが入ります。

天の川に不要なものを返すイメージをしてみてください。

もしも悲しみに飲み込まれそうになったら

「私にはもっとできたことがあったのではないか」

「あの人が生きている間、もっとこうしていればよかった」

「私がこんなでなければ、故人は死なずに済んだのではないか」

「大切な人が死んでしまうなんて……私に対する神様からの罰なんだろうか」

と、あなたは過去への「後悔の念」や「自責の念」に苦しんでいるかもしれません。

なぜならあなたは外部からの影響を受け取る力に長けていて、内観力もパワフル。

その気づきすぎる性格が裏目に出ているからです。

そんなあなたに対し、故人は、その過去のネガティブな思いを手放すことをサポートしてくれます。そして、こうメッセージを送ってくれています。

〝あなたにとって受け止め難かった、

過去の辛かった思い出、悲しい記憶は

私に預けて欲しいんだ。

ただそう願うだけでいいよ。

すると過去で止まっていたあなたの心の中の針は動き始める。

これだけは言っておくよ。

あなたの過去に間違いなんて1つもないからね〟

冒頭でご紹介した、私の従姉妹のお話ですが、実は後日、祖母は後悔の念にさいなまれていました。「もし、お守りを持っていかせたなら、助かったかもしれない」と。なんでも、氏神様のお守りをその日に限って、従姉妹たちへ持たせるのを忘れたのだそうです。

この祖母の後悔の念をどう捉えていいか困惑しました。祖母は日頃から神仏を大切にする人だっただけに、私も一時は神様を恨んだものです。

しかし40年以上経って「誰も悪くない」という結論に達しています。

そして、今は運命をひもとく占い師として、確信していることがあります。

それは「人の死」は、「こうしたから、こうなった」と単純な原因と結果だけでは語れないということです。

大きな宇宙の仕組みにおいて複雑に何かが関係し合って、たまたまここで「死」という出来事が起こったと言ったほうがいいでしょう。だからこそ、あなたを苦しめるその「死」という出来事は、１００％あなたのせいではありません。

ただし、これは人の死は「気にしなくてもいいこと」「どうでもいいこと」と言いたいのではありません。どうにもならないからこそ、どのような「生」も「死」も、私たちは精一杯、謙虚に向き合い、受け止めていくことが大切なのではないかと言いたいのです！

後悔という側面で「死」と繋がってしまうと、その出来事は「見たくない過去」になるでしょう。

そうではなく、故人との間に今も続く物語を通して「死」と繋がっていただくことで、その出来事を「見たい未来」にしていただきたいと私は思っています。

それでも後悔の念にかられる時は、そんな自分の現状すら故人に素直に話してみるといいでしょう。その時、故人はなんらかの形であなたにこうメッセージを送ります。

〝ありがとう。その後悔の念は私に対する愛です。
だから、私はあなたの後悔の気持ちもすべて受け取ります。
そして、天の川の光にして天に返しましょう。
もう後悔という辛さで私と繋がらなくても大丈夫です。
懐かしさという優しい光で繋がれることをあなたは知っています〟

あなたの後悔の奥にあるものは、故人への愛そのものでしかありません。

2人の繋がりは、この世とあの世でこうして強くなる！

「陰」と「陽」、「プラス」と「マイナス」など、対極にあるもの同士が揃うと何かが生まれるのが宇宙の原理。例えば「過去」と「未来」の間に「今」が生まれ、「吸う」と「吐く」の間にこそ「呼吸」は生まれるのです。

「天の川」の関係性も同様に、「陰（－）」と「陽（＋）」が組み合わさった絆となります。

あなたの「誕生日星座」は、受け取る力に長けた陰（－）の質を持ち、故人の「命日星座」は解き放つエネルギーに満ちた陽（＋）の質を持っています。この2つのエネルギーがあなたに流れ込んでいる限り、あなたの人生が滞ることはないでしょう。

生きている私たちは「時間」という制限の中を生きているので、過去に後悔を残したり、未来を不安に思ったりということもあるはず。

しかし、この絆では、先ほど述べたように、手放すべき過去を洗い流していく中で、あなたは生まれ変われます。

そして、この故人との絆における一連のやりとりは、あなたの人生全体の流れを大きく変え、好循環に導くことができるプロセスでもあるのです。物事を尊重し、受け止める「陰のエネルギー」と、勇気を持って解き放つ「陽のエネルギー」の賜物です。

私の知り合いでこの命日占いを体験してくださった40代の女性の方は、亡くなったお母様と「天の川」の絆でした。

彼女は、以前から「休むことが苦手」でした。本当は体調が悪いのに無理して仕事に出たり、家事をしたりして、余計周りに辛く当たってしまう……という悩みを抱えていました。休むこと、くつろぐことに罪悪感があったのだそうです。

しかし、この「命日占い」を通して、休むことを責めていたのは自分だったことに気づいたそうです。

なんでもお母様が生前、家庭も仕事もとてもがんばり屋さんだったそうで、母親への愛情表現として「自分もがんばらなきゃ！」と自分を追い込んでいたとか。しかし、改めて故人であるお母様との命日占いを介した対話から、「母親への一番の愛は、自分が幸せになることだった！」と気づいたそうです。

その気づきは、彼女の人生、中でも人間関係を大きく変えました。

いつの間にか自分を犠牲にすることがあらゆる人への愛情表現になっていたことに

気づき、それを意識して変えていったのです。すると周囲の人間関係はみるみる改善され、自分にとって心地よいものになっていきました。

大自然を流れる川の1か所を堰《せ》き止めてしまうと、堰き止めた場所はたった1か所であってもその先の流れを止めてしまいます。

堰き止めてしまった結果、溜まった水は濁ってしまうでしょう。

しかし堰き止めていたものを1つでも取り除くことができさえすれば、水はどんどん流れ、海に注ぎ込まれ、蒸発し、雲となり、天になり、また川へと流れ続け、大自然は育ち続けます。

あなたの人生も同じです。

故人は、そんなふうにあなたの人生に流れるプロセス全体を見守り、限りない愛をもって人生の流れを良い方向へと導いていてくれています。故人との絆は、こうして強く育まれていくのです。

ところで天の川の伝説では、七夕の織姫と彦星の物語が有名です。

彼らは天空で一番えらい神様である父の反対によって引き裂かれ、2人は天の川の両岸に引き離されてしまいました。2人は悲しみで嘆き、仕事になりません。かわいそうに思った父は、年に1度、七夕の日にだけ会うことを許しました。

伝説の中で、引き裂かれた2人の間にあるのは「天の川」です。この川は2人の間を隔てているものです。**しかし、本当の意味で2人が引き裂かれることはなく、会えない時間も2人の間には「愛」が流れています。**

つまり、天の川は2人の間に流れている愛であるとも言えましょう。

これは、あなたと故人の関係にとても似ています。

あなたの誕生日星座の「陰（－）」は水の性質。そして、命日星座の「陽（＋）」はその水を動かし、流していく存在です。

故人との間に流れる天の川には、無数の美しい星がきらめき、多くの人の愛や思いも流れています。海外ではギリシャ神話にちなんで、ミルキーウェイと言われます。ミルクは母乳でもあり、愛を持って小さな命をはぐくみ育てるものです。

あなたと故人の間に流れる「愛」は、あなたのネガティブな過去も洗い流してくれます。

さらに、あなたの周囲の人が持っているネガティブな過去すら洗い流すでしょう。

そして、あなたとその周りのみんながすべて「愛」であることを思い出すのです。

〝愛し、愛されることを恐れないで。きっと大丈夫だから〟と故人はいつだってあなたにエールを送ってくれているのです。

「いつものように〝行ってきます〟と会社に行った夫」

2人の息子さんを持つ40代女性・Hanaさんからのご相談内容を紹介させていただきます。

命日を拝見するのは旦那様の魂。43歳という若さでHanaさんと2人の息子さんを残し、急にあの世に旅立たれてしまいました。

亡くなられる前日ですら息子さんの学校の行事に張り切って参加していた旦那様。もちろん翌日、そんなことになるだなんて、旦那様ご本人も予測できなかったでしょう。翌日、趣味のサッカーに出かけ、途中「気分がすぐれない」とベンチの下で休み、そのまま心肺停止であの世に旅立たれました。とても寒い2014年の冬のことだったそうです。

Hanaさんは鑑定当時、旦那様の死と向き合いながら数年を過ごされ、子育てを応援する活動をスタートされていました。

一見、旦那様の死を乗り越えているようにも感じました。

しかし、その境遇に至るまでのプロセスは容易ではなかっただろうことは想像できました。

なぜなら、愛するパートナーの死は、さまざまなお別れの中でも特に「ストレスが大きい」と言われているからです。現にHanaさんも、

「もっと発見が早ければ……。

その前に、サッカーに行かなければ……。

もっと強く朝から引き止めていれば……。

そんな想いで、悲しみ、自分を責める気持ち、
とにかく色んな気持ちを短期間で体感しました。

夫の死はもう乗り越えたように側からは見えるのかもしれないし、

私も「もう大丈夫」と思うこともあるのですが……

やっぱり、悲しみは消えてはなくならない。

（完全になくそうとも思ってはいないのですが……）」

と心の内を打ち明けてくださいました。

旦那様の星の配置図からは、「混乱しつつも、しっかりと状況を理解している」ことが読み取れました。むしろ残してきたご家族に対しても心配な気持ちがありつつも、どこか大きな計らいを信頼されているような、大らかさを感じたのも印象的でした。

おそらく生前もそういった方だったのだと思います。

私はHanaさんがおっしゃる通り、「決して消えることのない悲しみ」を無理やりなくしてしまおうと、立ち向かわなくていい、と思っています。なぜなら、それはお2人の証だからです。旦那様が「確かにこの世で生きていた」という証であり、2人の絆の証だと思うのです。

「天の川」は、葛藤を伴う関係性ではあります。ですが、そこから何かを生み出します。

Hanaさんはまさにこの絆を「子育てするお母さんをサポートする」という活動を

通して体現していらっしゃるのです。

そして、Hanaさんがお話しくださった旦那様とのエピソードにこのようなものもありました。

「夫とは（結婚するまでは）遠距離恋愛でした。

私の両親からは『遠くの人だから』と交際自体を半ば反対される中、
夫は、結婚をするために覚悟を決めて、
私の住む土地に転職してきてくれたような人です」

あの世とこの世に引き離されたお2人ですが、生前も距離に負けなかった旦那様のことです。

さらに、旦那様の命日星座は射手座。どこまでもどこまでも遠くに向かう星座です。

きっと今も、天の川の向こうから、Hanaさんや息子さんたちの幸せを成長を笑顔で見守り、時にはサッカーも楽しまれていることでしょう。

後日、ＳＮＳを通じてHanaさんから次のようなコメントをいただきました。

「気持ちが下向きになると、

命日占いの鑑定を何度も読み返して、涙を流しています。

主人の声と重なって聞こえてくるんです」と。

すでにご自身なりに、全力で悲しみと共に歩んでこられた方の言葉だなあと思いました。

ここまで天にいらっしゃるご主人と絆をしっかり育んでらっしゃったのでしょう。

そして、命日占いは、そういった方のこれまでの道のりや、姿勢をそっと支えるようにご主人の声としてあり続けるといった役割もあるのだなあ、と気づかせていただきました。

Chapter

6

こだま

ありのままのあなたの魂の音は
宇宙にこだまして、あの人に届く。

ありのままだからこそ澄んでいて、
ありのままだからこそ美しいからだ。

だが、むきだしの自分でいることは
ちょっぴり不安だったりするものだ。
本当に大丈夫だろう？
そう心配にもなるだろう。

そんな時に、
「このままの私で行こう」
そう言ってあなたが
透明な魂の音を聞かせてくれたなら、

私は「勇気」という名のこだまを
あなたに返そう。

あなたの声が大きいほど、
私の返す勇気も大きくなる。
そして、宇宙をきれいなこだまで
いっぱいにしよう。

占星術にまつわる2つの要素「点」と「線」について

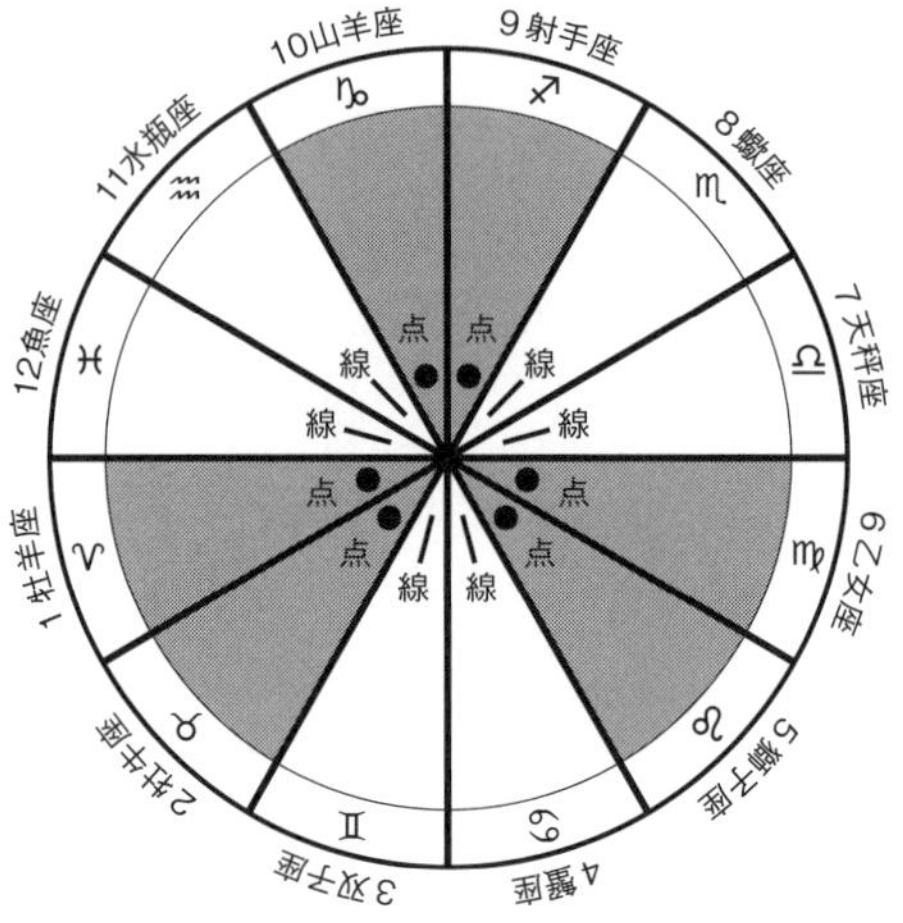

「こだま」が持つ基本の意味

この関係性は、あなたが自分の個性や使命を生きるほどに、故人が人生の後押しとして「勇気」を返答するという、いわば「こだま」のような絆を表します。

まずは右上の図をご覧ください。この図は12個の星座を「点」と「線」という占星術にまつわる「2つの要素」で分類したものです。

この「点」というのは、占星術的に「あるがまま」「私は私」という意味合いを持ちます。

さらに今回の「こだま」という関係性において、あなた側の「誕生日星座」も、

「こだま」の
星の配置図

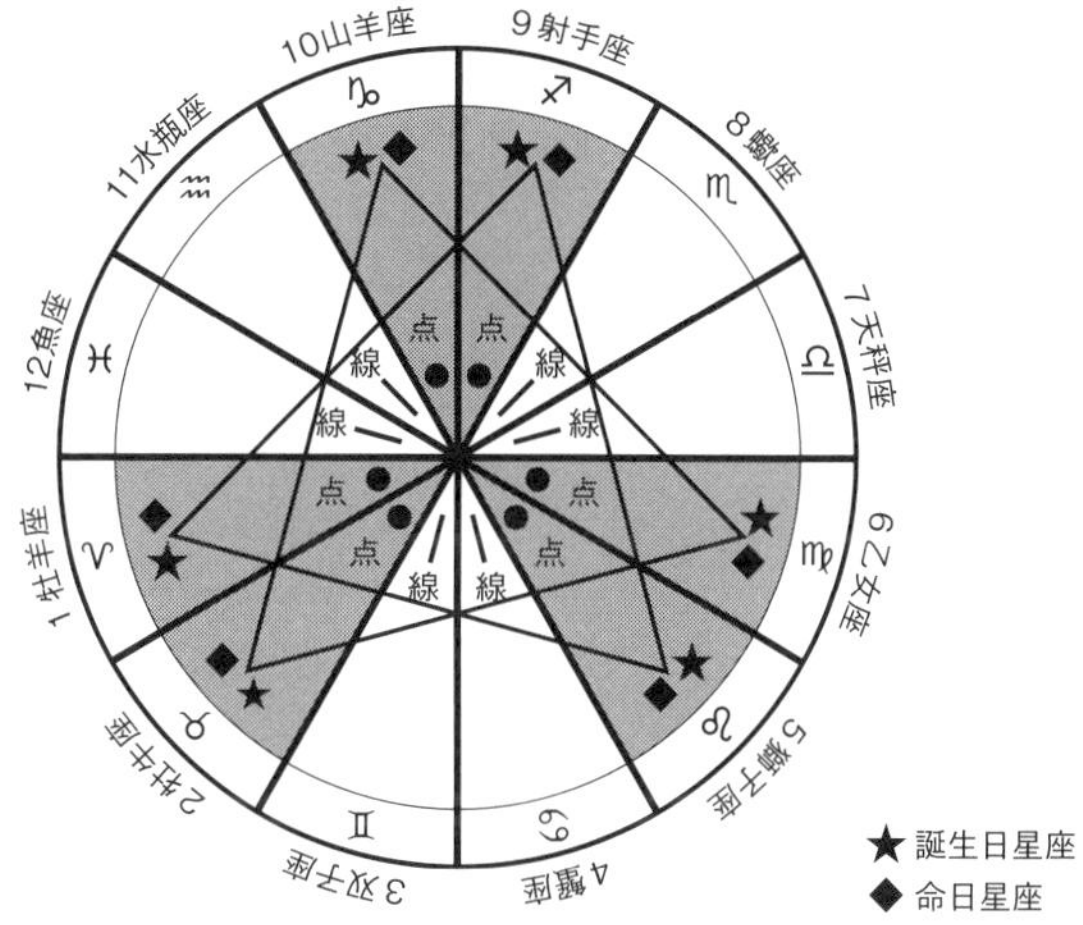

故人側の「命日星座」もかならず「点」に分類されます。

続いて位置関係で見ると、あなたと故人の位置は左上の図の通り、かならず少し距離を保ちます。

角度で言うと１２０度（星座の部屋４つ分）。この角度は、占星術では非常に創造的で調和のとれた優しい関係性を表します。決してべったりせず、かと言って離れすぎでもなく、お互いを尊重し合うのです。

そんなことからあなたの「点」と故人の「点」が響き合うものとして、この関係性に「こだま」と名前をつけました。

「こだま」というのは、いわゆる山・谷などで起こる音の反響のことです。

山に向かって声を投げ掛け、その声が壁に投げたボールのように自分の元に返ってきたという経験を誰もが一度はしていることと思います。


また、ここで言う「声」とは、あなたの「使命」を指します。「使命」というと、何やら揺るぎないものを探し求めるようなスケールの大きなものを想像されるでしょうか。ですが、ここで言う「使命」は、そうではありません。

「点」の世界観と同じく、ニュアンスとしては「このままの私で行くと決める」ことです。

あなたは今、自分のコンプレックスや弱点を見たくないがために、自分ではない「何者か」になろうとはしていませんか？　誰かに認められるために仕事をがんばったり、自分の立場を守るためだけに必死になったりされているかもしれません。

故人は、そんなあなたに、誰かに認められなくても、役に立たなくても、愛されなくても、「あなたには価値がある」ということを伝えたがっています。

三國連太郎さんの「命日星座」と
佐藤浩市さんの「誕生日星座」の関係性

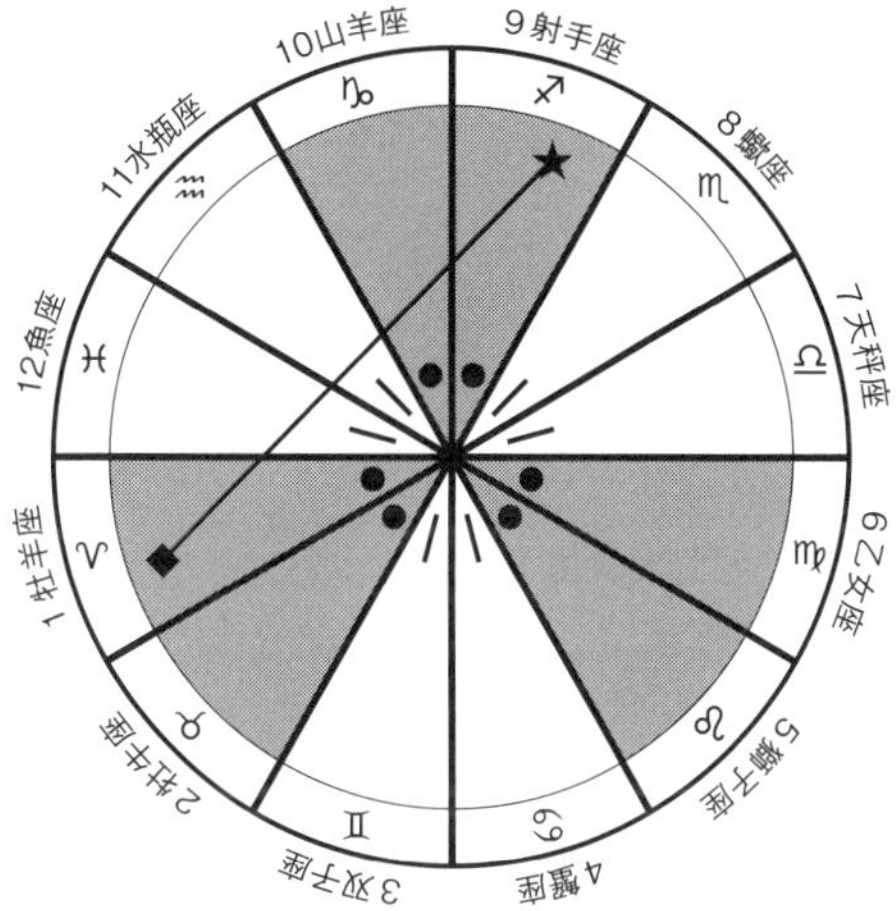

そして、「このままの私で行こう！」と心から思えた時、故人は、その思いに呼応するかのように、あなたに「勇気」というこだまを返してくれるでしょう。

あなたがあなたでいられたら、無理なく故人は自分のエネルギーをあなたと共鳴させることができ、それが２人の絆を強めていくことになるのです。

上の配置図は俳優の佐藤浩市さんと、その父でもあり、同じ俳優として名を馳せた三國連太郎さんの関係性を表したものです。

三國連太郎
１９２３年1月20日生まれ（水瓶座）―２０１３年4月14日命日（牡羊座）

佐藤浩市
１９６０年12月10日生まれ（射手座）

三國連太郎さんは「釣りバカ日誌」のスーさん役としてご存知の方も多いのではないでしょうか。60年にわたって日本の映画界を牽引した名優です。

息子さんの佐藤浩市さんは現在も数多くの映画、ドラマで活躍中であり、日本アカデミー賞新人俳優賞を受賞した実力派でもある人気の俳優さんです。

生前は複雑な家庭事情があり、わだかまりのある時期も長かったそうですが、晩年は良きライバルであり、仲の良い様子も見られました。

佐藤浩市さんは、あるインタビューで、

「今の2世と言われる人たちは、親の名前を出されても平気ですよね。

それがスマートな対応なんでしょうけど、不思議に感じます。いずれ受け入れる時が来るんだから、1回親と距離を置いてみろよ、と言いたい」と実に「点」＝「私は私」らしい発言をしています。

年齢を重ねるごとに広がる個性的なご活躍の姿は、お父様のスピリットが程よい距離感を保ちながら、今も流れ込んできているからなのでしょう。

命日が残した、あなた自身の「課題」

「自分のことは自分で認める」

これが、この命日が残したあなた自身の課題です。

私たちは、少なからず人に褒められると嬉しいですし、認められると自信も湧いてきます。そのため、どこか自分の価値を人との繋がりの中で見出そうとし、誰かの期待に応えるように振る舞ってしまうことがあります。

もちろん、それが悪いわけではありませんが、故人はこう言います。

〝誰の期待にも応えなくていいよ。私の期待にだって、応えなくていいんだ。〟と。

故人とのお別れをきっかけに、杖を失ったような感覚を覚えている方はこれまで、故人や周囲の求める自分であろう、と努力されてきたのかもしれません。

しかしこれからは、あなたは「誰かの期待」という杖がなくても、そのままで価値があることを自分で認めながら生きていかなければなりません。

この命日を境にあなたは生まれ変わるタイミングがやってきたのです。

他人の期待に応える人生は、本来ならば、窮屈さを感じるはず。それなのに、他人軸で生きてしまうのは、安全だからでしょう。自分の選択で失敗するより、他人の選択で失敗したほうがダメージは小さいですからね。

ただ、それではあなたの個性や魂は目覚めません。そもそも、あなたの魂は「点」という質を持ち、「私は私」というエネルギーに満ちているのです。

命日が残した課題を解く「鍵」

「鍵」となるのは、「このままの私で、できることをやってみる」という決意です。

最近ではＳＮＳをされる方が多く、他人と自分の状況を比べてしまう機会が多いと聞きます。

また、「こうして私はうまくいきました」といった成功法則も世の中に溢れています。それ自体はとても素晴らしいものです。ですが、あくまでその成功者とあなたは別人です。

今の自分自身を認めることができないまま、成功した他人を見た時に、「それに比べて私はまだまだだ……」と卑下してしまうことが往々にしてあります。

そして、多くの人は自分に何か不足しているのではと思い、色々なことを学んだり、自分磨きに精を出したりします。それが悪いわけではありません。

しかし、故人はあなたにこう語りかけるのです。

〝今のあなただからこそ、できることがあるはずだよ〟と。

ですが、あなたもこう反応してしまうかもしれません。

「いやいや、私はまだ足りていない。もっと準備しないと」と。

それは本当でしょうか。あとどれだけ自分を磨き、準備をすれば、自分を認めてあげることができるのでしょう。

これは、がんばり屋さんである人ほど、陥ってしまう悪循環なのです。

学んでも、学んでも自信が生まれません。

誰かの真似をしても、自分の個性に自信を持てるようになるわけではありません。

故人は時として、「今のあなたのままで、いかにできることがあるか」を気づかせるため、ちょっとした無茶ぶりのような出来事を起こす場合があるかもしれません。


例えば、英会話がまだまだ身についていないあなたに職場の先輩が「明日の海外からのお客様の接待よろしくね！」と無茶ぶりされるなどです。

故人があなたに伝えたい、この絆において大切なメッセージは「何かを身につけてきたから、個性を発揮できる」のではなく、「このままのあなたで、できることを探してみること」があなたの唯一無二の個性になっていくということなのです。

私たちは「自分の価値」を保つために、「人一倍努力する自分は価値がある」とか「人より優秀であれば価値がある」と、色々な条件をつけてしまいます。それにうまくいかないことがあると、自分に何かが不足しているからだと考えてしまいます。

しかし、実は何も不足していないのです。

故人は、あなたが自分だけの個性に気づくことに胸を躍らせ、その個性が世の中に発揮されている様子を見守り、勇気を送り続けてくれます。

故人からのサインはこうして届く！

故人は、あなたが自分の個性を生かして生きるために、いつもサインを送ってくれています。それでは具体的にどんなサインを送ってくれているか、あなたの誕生日星座別にお伝えしていきましょう。

あなたの誕生日星座別、故人が送っているサイン

牡羊座：あなたが未知の世界にチャレンジしようとしている時や、色々悩みながらもその世界のことばかり気になる時は、故人からのゴーサインです。そこに

はあなたの個性を生かす「きっかけ」があります。

牡牛座：「これはしっかり成し遂げたい」というものがある時。燃えるようなやる気ではなく「静かな情熱（なんか理由はよく分からないけどやるぞ！）」という感覚は、「あなたの個性はしっかり生かされているよ」という故人からのサインです。

獅子座：「正々堂々と生きるって、なんて清々しいことなんだろう！」と思えた時。これから先に努力が開花する出来事が待っていることを知らせてくれています。

乙女座：よく眠れたり、以前より疲れにくくなったりしたなと感じるのは「今やっていることはあなたに合っているよ」という故人からのサインです。

射手座：自然の静けさ、瞑想中に故人から、後押しするひらめきをサイン（アイデア）として受け取ることがあります。

山羊座：「今までの経験を生かしたいなあ」と考えた時、浮かぶアイデアの実現化のためのアイデアをひらめきのサインとして送ってくれます。

＊

故人はあなたがあなたのままでいきいきと生きることを何より望んでいます。

あなたにはまだ「眠っている個性や才能があるかもしれない」と思いながら、日々その発見を2人で楽しむように、サインを受け取っていただきたいと思います。

もしも悲しみに飲み込まれそうになったら

故人との絆が強かっただけに、お別れの後もいつまでも故人の姿を探してしまい、どこにもいない現実に落胆してしまう。そんな落胆してしまう自分にさらに落ち込み……と、今あなたは「落胆のループ」に陥っているかもしれません。

その結果、今まで夢中になっていたことになんの興味もなくなるなど、世界に靄がかかったような感覚になる方もいるでしょう。このループは非常に厄介で、そんな自分にまた落胆し、「私はどうにかなってしまうのではないか」と不安になるかもしれません。

でも、故人はそんなあなたに語りかけます。

〝今、開いている傷口はかならず閉じるからね〟と。

大切な方を失った悲しみは忘れることができません。しかし、傷口はかならず癒えます。かさぶたになり、やがて傷跡を残して痛みは消えていきます。
それにあなたが感じている傷の痛みは、大切な人への愛の証でもあります。

そんなあなたに、故人はこう続けます。

〝私の面影を探してくれるあなたを見ていると胸が苦しい。
でも、それは、この世で私があなたと生きた証なんだね。
ありがとう。あなたのその痛みが1日も早く和らぎますように。
痛みではなく、愛しさであなたと繋がれますように。
あなたはなにをしなくても、
そのままで価値のある存在であることも忘れないでください〟

その言葉があなたの心に届きますように。

2人の繋がりは、この世とあの世でこうして強くなる！

2人の絆は、あなたの生まれ変わりを通して、強くなります。

「生まれ変わり」とは、もちろん生きながらにして〝新しい自分になる〟ということです。

例えば、今回お別れしたのが、あなたの夫だった場合。

そのお別れを機に「○○さんの奥さん」という〝この世での〟役割がなくなります。

ご夫婦としての絆は残りますが、現実世界での「夫婦だからこうしなきゃいけない」という枠は当然なくなるわけです。親子、恋人も同様です。

そしてこの変化を機に、あなたはこれまでの役割の中では目覚めていなかった個性や才能を開花させていくことになります。


この「こだま」という絆において、誕生日星座が、牡羊座、獅子座、射手座のあなたの魂には「ゼロからイチ」を生み出すエネルギーが宿っています。一方、牡牛座、乙女座、山羊座のあなたには、イチをさらに大きく育てていく「現実化」のエネルギーが宿っています。

そして、どちらにせよ故人の命日星座はあなたとは異なる性質を持ちます。

つまり、「誕生日星座」と「命日星座」のエネルギーを掛け合わせることで、「ゼロからイチ」「現実化」の2つが揃うのです。

こうして「2人の絆」から力を得ることができたあなたは、この世に大きな花を咲かせることができるのです。

大切な人との別れはもちろん辛い体験ですが、人生全体として捉えた場合、「あの別れは自分にとって大きな転機になった」とおっしゃる方は少なくありません。

大切な人を失うと、自分の人生にどこか消極的になってしまう方もいます。しかし、故人はそんな後ろ向きの人生を生きることは望んでいないのです。

この世に残された本人は「自分だけ幸せになってはいけない」という思いを持ってしまうことがあります。一方、故人は自分が天に旅立つことで、あなたに新しいステージが準備されることを魂レベルでは受け入れていますし、祝福しているのです。

あなたは、お別れの体験を通して、自分の中にある「死」が形を変えて生まれ変わるのを体験するでしょう。そうして生まれ変わったあなたの姿は、天まで届き、さらに故人から勇気や喜びといった「こだま」が返ってくるでしょう。そうやって2人の絆はさらに育まれていくのです。

「2人の絆は、あなたの生まれ変わりを通して、強くなります」

「愛してくれている実感もなかった父が、旅立つ時、私の目をじっと見つめていました。その時言いたかったことはなんなのでしょうか？」

50代の女性・あやこさんからいただいたご相談で、亡くなられたお父様との絆を鑑定しました。

「私は父と心の通う会話をしたことがありませんでした。
大切に思ってくれていたのでしょうが、
愛されている実感がありませんでした。
自分の気持ちを分かってもらえたという実感がありませんでした」

とおっしゃるあやこさん。さらに

「ついに最後まで、父親として

私に何も言ってくれなかったという

残念な気持ちもありました。

子供は親を選んで生まれてくると言いますが、

私はどうして父の子供として生まれてきたのか、

父との関係を通して何を学びにきたのか、

お互いにどんな役目があったのか、など考えます」

と心のうちもお話しいただきました。

私は星を読み、あやこさんは、「自分のありのままの感情」を許すところから、何か使命に目覚めていかれるような図式が見えてきたのです。

そこで以下のことをポイントにお伝えしました。

・感情を通して繋がりを感じ、自分の使命に目覚める絆である。
・お父様はあやこさんのこれからの使命をサポートしたい。
・他の誰でもなく、あなた自身が価値ある人生を歩んで欲しい。誰の期待にも応えなくていい。
・お父様は最後に謝りたかった。そしてあなたを愛している。

後日、あやこさんから、こう返事をいただきました。

「先生がご多忙の中、
誠心誠意打ってくださった文面に感謝しつつも、
全く文面が心の中に入ってきませんでした。
天の父からの言葉がどうしても嘘っぽく感じられるのです。
先生の鑑定を疑っているわけではありません。
父の言動を信じたら、また裏切られるのではないかとか、
愛しているなんて父が言うわけない、
などという固定観念が働いてしまうのです」

あやこさんは、私との鑑定を通して、まっすぐに何かを見ようとされていました。
そして以下のような感覚を摑んでらっしゃったのです。
「亡き父が言うように、ここ数年の私は無感情になっていました。
自分らしく生きている感じが全くしませんでした。
（中略）
現状が辛すぎて、もう完全に感情を震わせないようにしようと、
潜在意識で決めたのかもしれません。
（中略）
幼少期から積み重ねてきた絶望感が重すぎて、
無感情になるという方法で自分を守ってきたのだと思います」

私はここまで自分を見ているあやこさんはすでに「使命」を生きているように感じました。こだまの示す「使命」とは、何か外側に求めにいくものではなく、こういう「まっすぐな自分」から生まれていくのです。
ここで同じような経験をされた方に向けて、私が言葉にするより、あやこさんの文

章が勇気になると思いますので、ご紹介させていただきます。
「今朝も、何度か鑑定結果を読んで、
やっと自分が無感情になっていることを認められました。
無感情になった理由も分かりました。
自分の顕在意識では、父はどうでもいい存在にしていましたが、
父のもとに生まれることに決めた理由がかならずあるし、
それを知ることで、これまでの生きづらさが変わり、
本当の自分を生きることができるのではないかということも
直感していたのではないかと思います。
目を背けていたことに向き合うのはとてもエネルギーがいります。
でもいよいよその時がきたのだと思います。
このメールを打ちながら、父の死から、
やっと本当の私の人生が始まるのかもしれないという思いもでてきました。
これから薄紙を剥ぐように、
蓋をした感情が浮き上がってくるのかもしれません。

まだ、正直、天の父からの愛しているという言葉は、
鉛のようになった心に響いていません。
でもやっとスタートラインに立てた気がします。
これまでの経験があったからこそ、これから本当の自分を生き、
そして使命を全うしていけるような気がします」

天のお父様は「鉛のようになった心」もすべて受け止め、見守ってらっしゃること
でしょう。

Chapter

7

合奏

私とお別れしてから、
あなたは「心を震わせること」に
目を背けているかもしれない。

でも、私はあなたと合奏するように、
共に魂を震わせる体験をしたいんだ！

あなたが泣きたい時には泣いて、
笑いたい時に思いっきり笑って欲しい。
私はそばで魂を震わせている。

そして、それは2人の魂の音楽となって
宇宙いっぱいに美しく響き渡るんだよ。

「人間ってすごいね」

「人間の震える心って素敵だな」
宇宙中がそう言って、
私たちのハーモニーを堪能してくれる。

だから、あなたは安心して
自分が感じたいように感じていい。
全部、許していいんだよ。

占星術にまつわる2つの要素「点」と「線」について

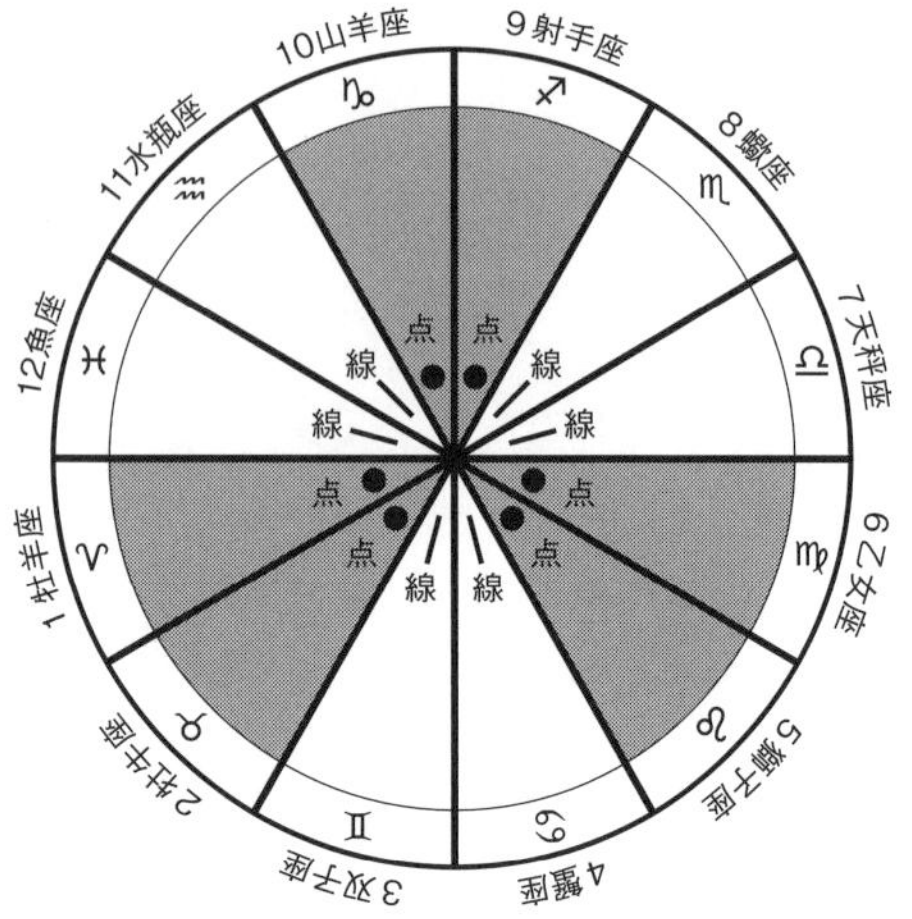

「合奏」が持つ基本の意味

この関係性は、あなたと故人が魂を震わせ合い、1つの音楽を奏でる、いわば「合奏」のような絆です。

まずは右上の図をご覧ください。この図は12個の星座を「点」と「線」という占星術にまつわる「2つの要素」で分類したものです。

「点」というのは占星術的に見て、「あるがまま」「私は私」という意味合いを持ちます。その上で「線」は、点と点を繋ぐものですので「繋がり」「私とあなた（みんな）」という意味合いがあります。

「合奏」の
星の配置図

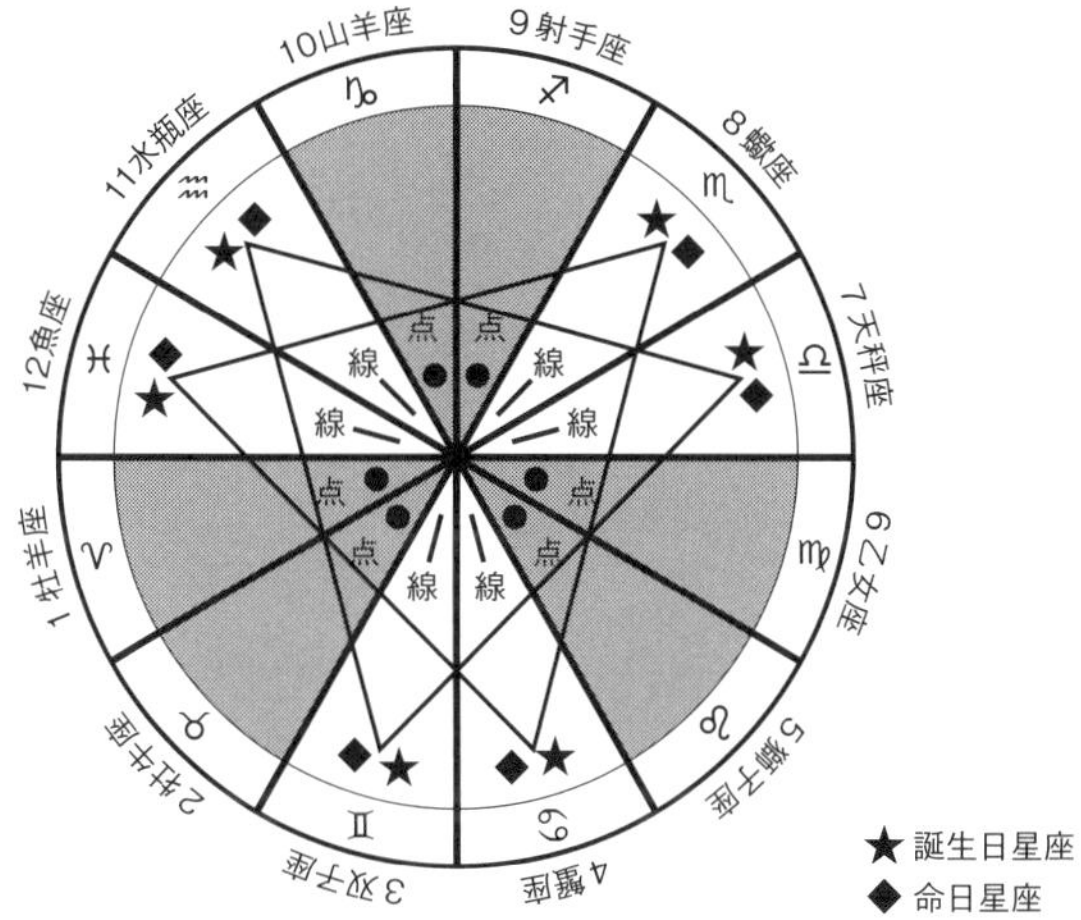

さらに今回の「合奏」という関係性において、あなた側の「誕生日星座」も、故人側の「命日星座」もかならず「線」に分類されます。

続いて位置関係で見ると、あなたと故人の位置は左上の図の通り、かならず少し距離を保ちます。

角度で言うと１２０度（星座の部屋４つ分）。この角度は、占星術では非常に創造的で調和のとれた優しい関係性を表します。決してべったりせず、かと言って離れすぎるわけでもなく、お互いを尊重し合うのです。

それでは基本的なことをご紹介し終えたところで、いよいよ本題に入りましょう。

「点」同士の繋がりは、「ありのままの自分を認めていくこと」が課題となります。つまり「個」がテーマです。ところがあなたと故人の関係性＝「合奏」が持つ性質「線」同士の繋がりは、「外の世界との〝繋がり〟を認めていくこと」が課題となります。

さらにその〝繋がり〟の中にあるものを表現すると、「心の震え」です。

2人の魂は、「心震わせる体験」を通して繋がります。

「心震わせる体験」とはつまり、自分の外側にある世界を見て、聞いて、体験して、「感じる」ことです。感動という言葉でも表すことができます。

2人は、その体験をエネルギーに変えて成長し合います。それはまるで、2人の奏でるメロディが織りなす合奏のようです。

「合奏」は楽器や歌を1人ではなく複数で演奏することです。みなさんも学生の時に音楽の授業などで経験されたことがあるかと思います。

音と音が合わさりきれいなハーモニーを奏でた時、聞く人の心を震わせます。

そのように故人とあなたも1つの音楽を作り上げていくのです。

当然、今では2人揃って地上で同じものを見たり、聞いたり、笑ったり、泣いたりして、体験を共有することはできません。

だからこそ、お別れを機にあなたは、悲しみとショックが大きく「心を震わせる」ことから目を背けてしまっているかもしれません。しかし、あなたが地上で心を震わせた時、その感動のエネルギーを頼りに、故人はあなたと繋がってくれています。

「合奏」の星の位置関係である120度の特性通り、2人は創造的で調和のとれた優しい関係性なのですから。

またそれどころか、この関係性はリズム感がとても合うため、あなたが心を震わせ新しいものを生み出そうとする時にも、故人はサポートしてくれるでしょう。

冒頭のエピソードにあった、私と天に旅立った2人の従姉妹との間にある絆もこの「合奏」です。P252上の図がその配置図です。

私の誕生日星座は「双子座」、従姉妹たちの命日星座は2人とも「天秤座」です。

私が大人へと成長し、外界の世界に触れていく中で、

「天国にいるはー お姉ちゃんならこれ、どう思うかな?」

火事で天に旅立った従姉妹の「命日星座」と
かげした真由子（著者）の「誕生日星座」の関係性

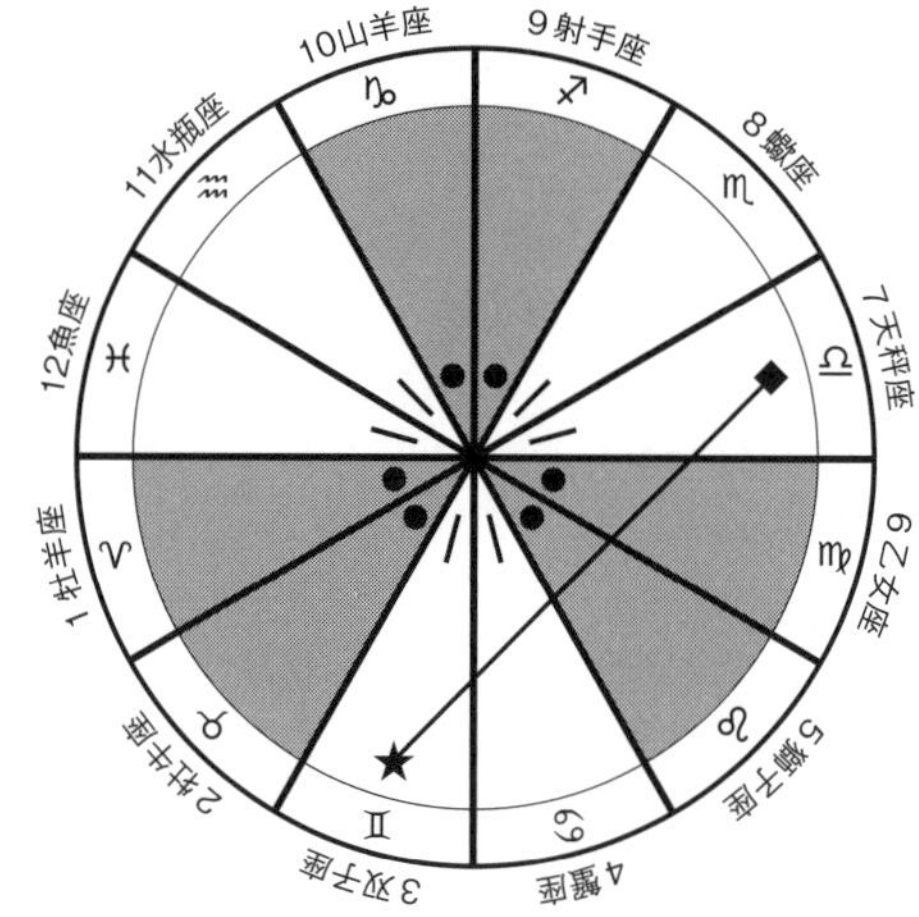

「まーお姉ちゃんならどんなふうに笑ってくれるだろう？」

と思いを馳せることで、一生懸命彼女たちと繋がりを取り戻そうとする私がいたことを思い出します。辛い時は、心の中の彼女たちが私の涙を受け止めてくれたこともあります。

心の中の２人はいつも黙って笑顔で見守ってくれていました。そうやって彼女たちとの絆を育んできました。そしてその絆が、この「命日占い」はもちろんのこと、何かを生み出す時のエネルギーとなっていたのです。

この「合奏」の誕生日星座にあたる、

双子座、蟹座、天秤座、蠍座、水瓶座、魚座の方は、誰かや何か……、つまり、「自分の外側との繋がり（線）」によって「自分」を見つけていく人たちです。

それは故人にも同じことが言えます。だからこそ、外界や故人との絆を断ち切って、人生を前に進めていくことは難しいタイプとも言えるでしょう。繋がりこそエネルギーなのです。

命日が残した、あなた自身の「課題」

「たくさん感動体験（心を震わせる体験）をする」
「外の世界にいつも興味を持っておく」

この2つが、この命日が残したあなた自身の課題です。

その課題の土台となる「感情」には、ポジティブなものもあれば、ネガティブなものもあります。この「合奏」という絆においては、それらすべての感情を〝ありのまま〟受け入れることが大事です。

あなたが何に怒り、何に悲しみ、どんな時に心を躍らせ、喜ぶのか、自分でしっかり感じることを許してあげて欲しいのです。

故人にとってあなたの感情に「良い・悪い」はありません。どんな感情も、故人にとっては「心の震え」です。故人はすべての感情を温かく受け取り、見守ってくれています。

そして、あなたが自分に起こるありのままの感情（心の動き）に気づけば気づくほど、あなたの感動力が育まれていきます。

もちろん「感動すること」は、このタイプの方に限らず、人生を豊かにするために大切です。しかし、あなたの人生は「故人との絆から自分の感動体験をエネルギーに変え、何かを創造していくこと」がテーマなので、特に大事だと言えます。

そのために「外の世界にいつも興味を持っておくこと」も課題になります。

「外の世界に何かを伝えたいと思うこと」または、「外の誰かと気持ちで繋がりたいと思うこと」は、あなたの生きるエネルギーでもあるのです。

「鍵」となるのは「日常に溢れている小さな感動を拾うこと」。

そして、「その感動を分かち合うこと」です。

天にいる故人は時折、あなたに問いかけます。〝最近、感動したことを聞かせて！〟と。そして、あなたはその質問に心の中で答えます。

そんなやりとりから得られるエネルギーがあなたの生きる喜びを作り、現実に何かを生み出す源となります。

そのために、日頃から「感動体質」になっておくといいでしょう。

かと言って大げさに驚いたり、オーバーアクションをしたりせよ、というのではありません。いい天気だったら「気持ちいいなぁ」と丁寧に感じたり、ＳＮＳの誰かの投稿を見て「へえ、すごい！」と素直に思ったり、そんな些細なことで十分です。

また、ネガティブな感情も抑え込まないでください。ありのまま見つめることが大事です。

例えば、あなたが何かに怒っている時は、「何に怒っているんだろう」とその感情と向き合ってみることで、自分が大切にしている価値観に気づくこともあります。それはそれで感動体験なのです。

さらに、それらの感動を「分かち合うこと」も鍵となります。

あなたは外との繋がりを持つことで自分を発見していく人です。なので、あなた自身の「小さな感動」を自分だけで消化せず、周りの人に共有すると、人生はより良い方向へと向かうでしょう。例えば、ＳＮＳの投稿に日々の小さな感動をアップするなど些細なことで十分です。

悩んだ時、嬉しいことがあった時は、それを誰かに伝えたり、表現したり、また誰かの感動体験にも耳を傾け共有することで、「自分軸」のようなものが育ってきます。

故人からのサインはこうして届く！

故人は、あなたが外の世界と繋がることや、自分の感情をありのままに感じて、この世でたくさんの感動体験をすることをサポートしてくれています。
時として合奏の関係性では「夢」の中に故人が登場することがあります。夢から何かしらエネルギーをもらったり、サインをもらったりする方もいるでしょう。
夢の中以外で、故人からのサポートが、どんなサインとしてやってくるか、あなたの誕生日星座別にお伝えしていきましょう。

あなたの誕生日星座別、故人が送っているサイン

双子座：あらゆる情報を受け取るのが得意なあなた。時に「どの情報が私に必要なのか」に迷うこともあるでしょう。そんな時、「すっきりする」「清々《すがすが》しい」感覚がする情報を選ぶといいでしょう。その感覚は故人からのサインです。

蟹　座：さまざまな人と関係性を築くことで成長していくあなた。時に「この人は私にとって必要な人だろうか」と迷うこともあるでしょう。そんな時、「温かさ」「安心感」という体の感覚を目安にしてみましょう。それは故人からのサインです。

天秤座：自分の感情より、誰かの気持ちを優先してしまうあなた。それが魅力ですが、時に自分の気持ちに目を向けるために、あなたのパートナーや友人とのやりとりを通して「もっと自分の気持ちを大切にして！」というサインを送ってくれます。

蠍　座：「根拠はないけど確信に満ちた気持ち」がふと浮き上がってくる時、それは故人からのゴーサインです。安心してください、根拠は後からやってきます。

水瓶座：何かを見て「私ならもっとこうするのに」という感覚が生まれた時、それが故人からのサインです。故人は「あなただったらどうするの？」とあなたに問いかけることで、現実化への道をサポートしてくれます。

魚　座：広く深い愛があるあなたは多くの人の感情を受け入れることができます。その大きなエネルギーを現実創造に生かすこともできます。ただ、それだけに心身を酷使することも。眠たくなった時、それは「パワーを充電してね」という故人からのサインです。1人の時間を大切にしてしっかり休むことが大事です。

＊

故人はあなたが、生き生きとした自分の感性や感情を大切にすることを何より望んでいます。

あなたから発せられる感動、感情体験は、故人へ届き、共鳴し、美しい音楽になります。日々その共鳴を2人で楽しむように、サインを受け取っていただきたいと思います。

もしも悲しみに飲み込まれそうになったら

あなたの悲しみが深くなる理由に「故人を死から救えなかった自分」を責めてしまう、というものがあります。

人一倍、人との繋がりを大切にするあなたですから、それができなかった自分や、何もできなかったことに対する悲しみが深いのです。また、死に目に会えなかったこと、お別れの時そばにいることができなかったことでさらに悲しみを深くする方もいらっしゃいます。

しかし、故人はあなたにこう伝えています。

〝お別れのことで、あなたをとても辛い思いにさせてしまったね。
でも、しっかり私を見送ってくれたことにとても感謝しているよ〟

実際に死に目に会えなかったことは心残りかもしれませんが、今、あなたが抱えている悲しみそのものが故人を見送っていることに値します。つまり故人への愛の表現です。

故人はそんなあなたの愛を十分に理解していて、感謝してくれています。その気持ちを心の中でゆっくり受け取ってみてください。

そうすることで「後悔の念」ではなく、「感謝の気持ち」で故人と繋がることができます。

2人の繋がりは、この世とあの世でこうして強くなる！

心震わせる体験が2人の絆を強くしていきますが、その先にあって欲しいのは、「誰かの心を満たして、自分も満たされている」というあなたの姿です。

私たちは、愛を感じた時、また理解してもらったと感じる時、心が満たされることが多いと思います。

そういう潤いのある喜びを、特に無理することなく、自然に周囲に与えることができるあなたになるということです。

そうすることで、誰かの心を満たすだけではなく、あなたがいる「その場」全体の空気を満たすこともでき、その場から〝何か新しいもの〟が創造されるのです。

「誕生日星座」が、双子座、天秤座、水瓶座のあなたの魂には「理解する力」が宿っています。

一方、蟹座、蠍座、魚座のあなたには、「愛する力」が宿っています。

そして、故人の「命日星座」にも同じ力が宿っています。

つまり、あなたの才能と、命日星座のエネルギーを掛け合わせることで、2倍の愛、もしくは、2倍の理解力を発揮することができるのです（時には2倍以上の力になることだってあります）。

2人のエネルギーを合わせると、海のように広く深い「愛」になったり（蟹座、蠍座、魚座のあなた）、もしくは建物や木々の間をすり抜けどこまでも行き届く風のような「理解力」（双子座、天秤座、水瓶座のあなた）になったりするのです。

実際、この「命日占い」も私1人の思いつきで始めたわけではありませんでした。

私自身の「死を理解したい」という思いに端を発し、占星術への理解が交差した時に、「命日を星で占ってみて欲しいのだけど」とご依頼がありました。

この命日占いは、それに応える形で生まれたのです。

私1人の中で生まれたのではなく、故人たちを含めたさまざまな人と繋がる場で創造されました。

「父の死に対して罪悪感があります」

40代の女性・カズンさんからいただいたご相談で、病気で亡くなったお父様との絆を鑑定させていただきました。

相談メールの書き出しの一行が「父の死に対して罪悪感があります」から始まっていたのが印象的でした。

病院→自宅での介護→再び入院と、激動の時期を辿られましたが、お父様は気難しい性格で、介護するカズンさんを怒鳴りつけることも幾度となくあったようです。

入院後も死の恐怖から、病院をどこか信頼できないお父様は心が不安定なまま、「このままだと病院に殺される」と取り乱し、周囲に辛くあたられていました。

また、気難しいお父様は、「病院は東大でなければだめ」というこだわりがあったとのこと。カズンさんはそんなお父様をなだめるため、「この病院の先生が東大の先生と連絡を取って連携してくれている」と嘘をついたそうです。

「私が余計なことをしなければ、

父はまだ生きていたのではないかと思うと、

一番溺愛していた我が子に裏切られて悔しい、むなしいと

感じているのではないかと想像します。私の中のタブーなので、

鑑定が怖い気持ちと決着をつけたい気持ち両方があります」

と気持ちを打ち明けてくださるカズンさん。

今もお父様を裏切った罪悪感が消えないということで、今回のご相談に至ったわけです。

お2人の絆は「合奏」。

とても調和のとれた関係性で互いが「ありのままの感情」で繋がることで絆が育ま

れていきます。今回のケースでは、まさにその「感情」がテーマとなり、カズンさんの罪悪感に繋がっていたのです。

お父様はありのままの感情を見つめることが難しかったのでしょう。「死への恐怖」が湧き上がると同時に、動揺し、周囲にぶつけてしまわれたのだと思います。

本当は怖くて怖くて心細い。でも、それを認めたくないので、カズンさんを含め周囲の方にはその心細さに触れさせなかったのです。

一方、カズンさんがついたお父様への嘘も「愛」でしかありません。子供としての精一杯の愛情表現が「嘘」という形になっただけです。

生前のお父様は自分の感情に触れるのが難しい方でしたが、今は「ああ、あの時は怖かったなあ」と振り返り、カズンさんの「精一杯の嘘」に感謝されています。

鑑定後は以下のようなメッセージをいただきました。

「父の死に対しては、本当に罪悪感でいっぱいでした。

罪悪感でいっぱいなのに、それを認めたくない自分もいて、どうしてよいか分からず放置状態でした。

今回の鑑定で、私は父から許しの言葉が欲しかったんだと改めて気づくことができました。

叶うことのないはずの願いを先生が叶えてくれた。

そう思います。

これを書きながらも涙が止まりません。

正直、こんなに泣くと思わなかったです。

自分の中で蓋をしていたのだと思います」


蓋をしていた「本当の気持ち」に気づいたカズンさん。これからカズンさんも、本当の自分の感情を「ありのままに許していくこと」が課題になってくるでしょう。お父様の期待にも応えなくていいのです。

ありのままの自分の感動体験が、お父様とのこれからの絆を育んでいくのですから。

Chapter

8

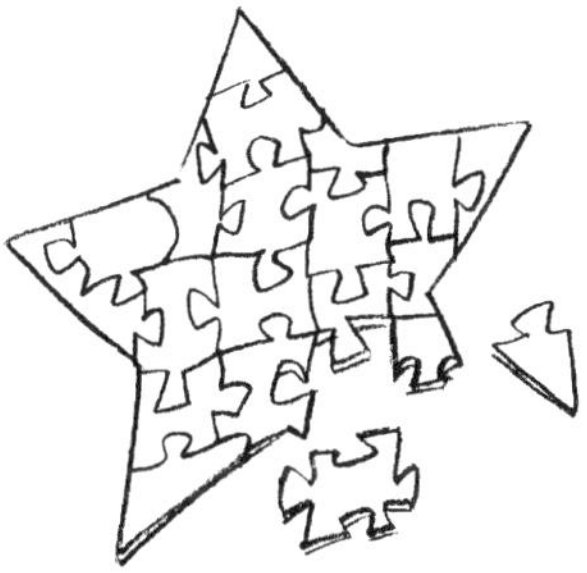

パズル

私とのお別れは、あなたにとって、
解けないパズルのようなものだろうか。

でも、埋まらないピースは
埋まらないままでいい。

埋まらない「何か」こそ、
私たちの絆になるのだから。

そしていつの日か、
あなたはどこかに行き着く。

その時のあなたは
懸命にパズルを
完成させようとしていたことなど

忘れているだろう。

その時、あなたは気づくはずさ。
自分の歩んできた道のりが、
解けないパズルを
完成させていたことに！

小さなピースの連なりが
色鮮やかで大きな絵を完成させるのだ。

「パズル」が持つ基本の意味

この絆を持つ魂たちは、「問題解決能力」を高めていく関係性です。それはまるで、数多くのピースをはめていき完成させるパズルのようです。

あなたは、今回のお別れを機に、1人で冒険に出る感覚を覚えるかもしれません。その道のりでは、あなたにとって重要な人物との出会いがあったり、重要な役割を任されたりして、人生におけるターニングポイントに出くわします。ただし、そのプロセスの中で「いつものやり方」ではうまくいかないと感じるでしょう。また、どう歩み寄っていいか分からない出会いにも遭遇するかもしれません。

それはまるで、あなたにとっては「人生のパズル」のようです。中には「故人との別れ」自体が、解けないパズルのようだと思う方もいるかもしれません。しかしそれはすべて、あなたが本来の力を発揮しようとしているプロセスの一部です。

「一生解けないパズルのようなものだ」と受け止めきれないことが起こっても、

あなたの魂は「いつか全貌が見えること」を知っています。時を経て、まさにパズルのように「何かと何かがぴったり合う」という時がいずれやってくる、ということをです。

そのため、時に立ち止まりながらも魂はあなたを前へと進ませることと思います。

〝立ち止まり進む〟。この節目は非常に重要なポイントであることも覚えておいてください。

立ち止まり進むごとに、目の前のパズルはあなたにさまざまな真実を見せてくれるからです。

なお、その真実は「答えが分かった」というより、これまでのさまざまな経験が紐づいて、あなたの魂にピタッとはまるような体験です。

物事に行き詰まった時、私はよく問題を〝前向きに〟保留にします。まるで箱にしまっておくように。忘れ去るのではなく保留、つまりワインのように熟成させておくのです。

それは次に蓋を開けた時、答えがぽろっと生まれることがあるのを経験的に知っているからです。何も魔法が起こったわけではなく、保留している間に自分が成長しただけなんですね。

これは具体的な1つの「立ち止まり方」です。保留にするもよし、ペースを落として他に目を向けるのもよし、要は答えを求めることを一旦やめてみるということです。

そうしていずれ「大切な人との別れ」を起点として始まったその冒険が、人生を豊かにしていることに気づく時が来るでしょう。

その冒険を故人は天からサポートしてくれています。

ですから、今、故人との別れについて納得のいかない思いを抱えていたり、人生の答えの出ない疑問や問題を抱えていたりしたとしても、焦らないで大丈夫なのです。


「パズル」の星の配置は左ページのような図となります。

角度で言うと150度の関係性です。つまり、誕生日星座と命日星座の間に、4つの星座の部屋を挟んでいます。

この組み合わせは、全部で24パターンが存在し、「パズル」はそのうちの8パターンを取り出したものです。残りの16パターンは次の項目の「真っ白な紙」に分類され

「パズル」の
星の配置図

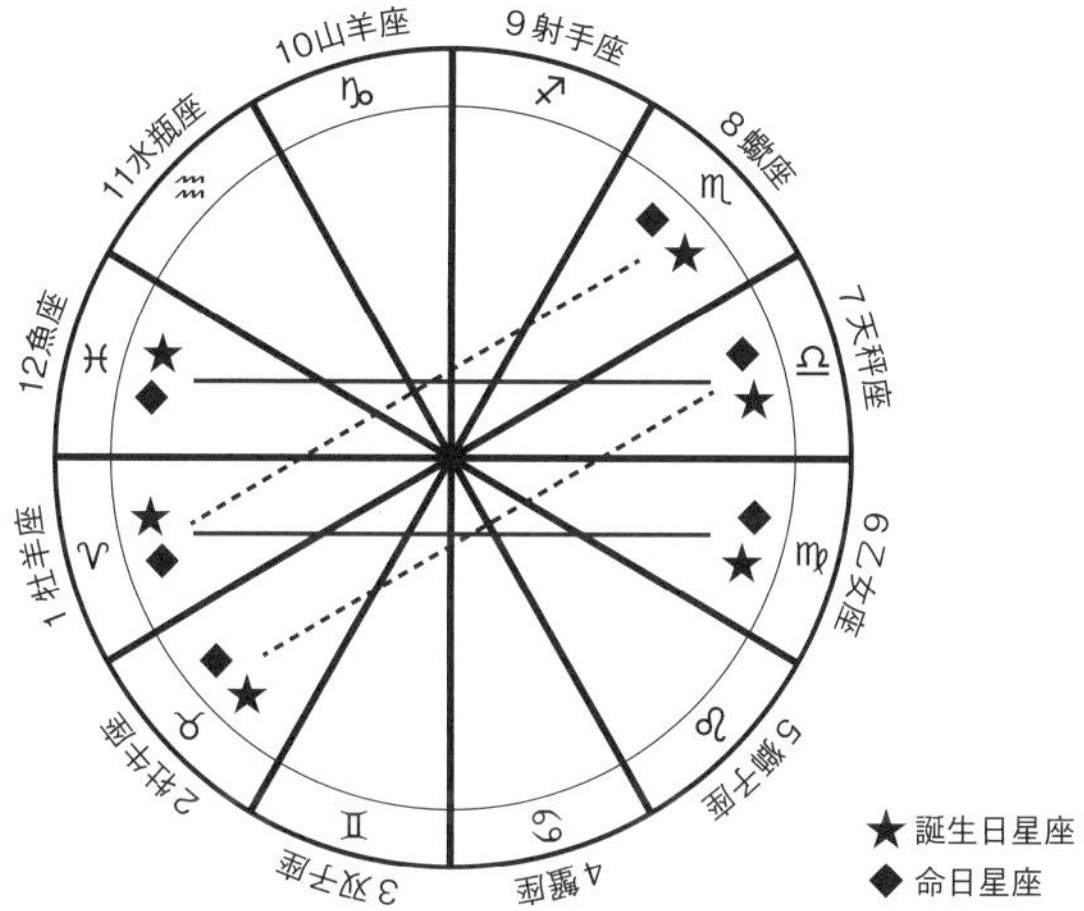

ているわけですが、その関係性と「パズル」には、どのような違いがあるかを見ていきましょう。

占星術でこの150度で結ばれた関係性は、「互いになんの共通点もなく、歩み寄るチャンスが少ない」と言われています。さらにお互いのピースがピタッとはまるまで、発想の転換、さらに時間や工夫が求められる関係性です。

ですが、この「パズル」の8パターンに関しては、よくよく探ってみると「もともと同じ要素で結ばれていた」ことを発見する関係性です。

表立って見えないがために、その真実

に初めは気づけないのです。


それは例えるなら、アイスクリームとラーメンの関係性です。

この2つの食べ物、一見、組み合わせになんの脈絡もないように見えます。

ところが、深く掘り下げていくと、2つとも北海道名物なのです。

ちなみにどれだけ掘り下げても、そういった共通項を持たないものは、次の項目で解説する関係性「真っ白な紙」になります。

こんなふうに、あなたと故人を表す「パズル」は、互いに共通した色を見つけられたら、パチッとピースがはまるような関係性を言います。


左の図は、Appleの創業者として有名な実業家、故スティーブ・ジョブズ氏の「命日星座」と、その長女リサ・ブレナン＝ジョブズ氏の「誕生日星座」の配置図です。

リサ・ブレナン＝ジョブズ氏は２０００年に大学を卒業し、現在は文筆家として活躍しています。２０１８年には父ジョブズ氏との回顧録を出版し話題を呼びました。

スティーブ・ジョブズ氏の「命日星座」と
長女リサ・ブレナン＝ジョブズ氏の「誕生日星座」の関係性

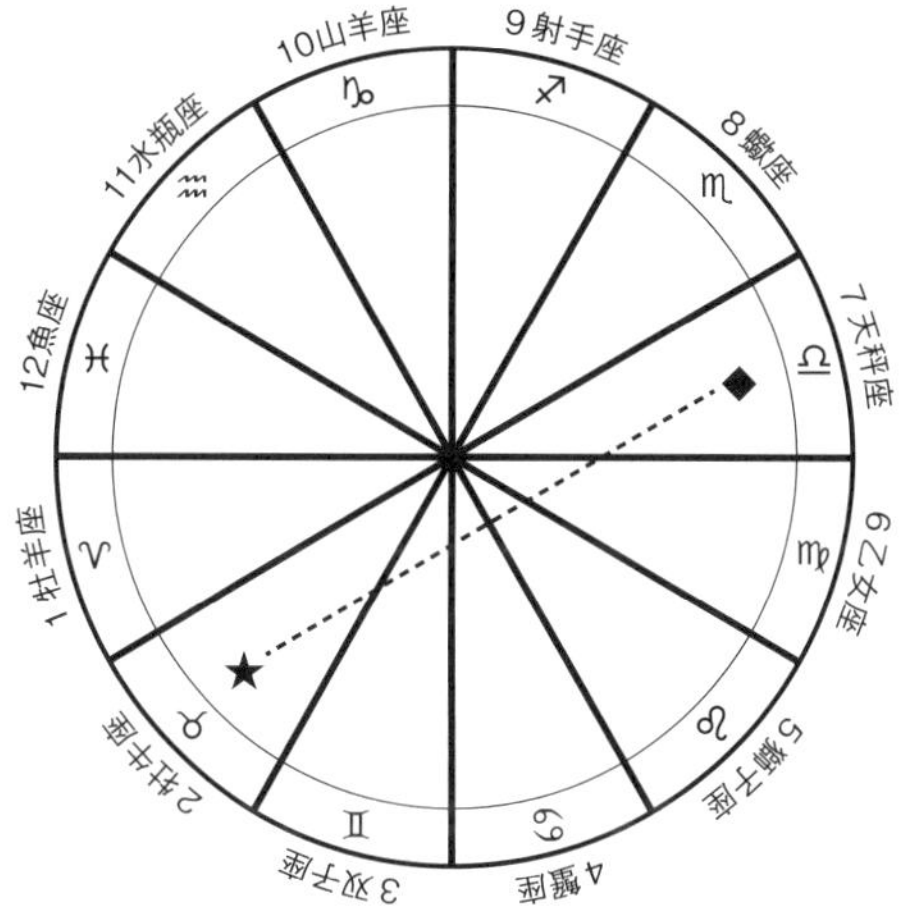

スティーブ・ジョブズ
1955年2月24日生まれ（魚座）―2011年10月5日命日（天秤座）

リサ・ブレナン＝ジョブズ
1978年5月17日生まれ（牡牛座）

2人の関係は、生前複雑でした。

リサ氏はスティーブ・ジョブズ氏が若い頃に交際相手との間にもうけた子供（娘）であり、彼はリサとの血縁関係をしばらく否定していました。ですが、リサが2歳の時に認めることとなり、養育費を払うように。ただ「父親」として娘と向き合うことはあまりなかったそうです。

その後、ジョブズ氏は違う相手と結婚することになります。一方、ジョブズ氏に手放されたリサ氏は、複雑な父娘関係であったことを回顧録で語っています。

リサ氏にとってジョブズ氏は気難しい父親で、冷たく、何を考えているか分からない人だったそうです。

彼女にとって、あまりにも偉大な父に対する思いは複雑だったでしょう。彼からの愛を渇望しつつ、自分の居場所を模索されてきたのだとも思います。

さらに、お別れ後も、2人の絆を探す「新しい旅」が始まったように思います。

2018年に出版された父親との回顧録も、はたから見ると暴露本と取られてしまう側面があります。ですが、彼女としては純粋に父との思い出を語ったものであることをインタビューなどで発言しています。

決して、ジョブズ氏に対しての許せない気持ちを表現したものではなく、その逆だと私には感じられます。つまり、彼女にしてみると、父との絆を探し続けているプロセスの中でできあがった1冊なのです。

リサ氏はジョブズ氏の死の直前の3か月間、頻繁に彼の家を訪れました。
そんな彼女に、ジョブズ氏は病床で涙を流しながら、「父親として十分なことをしてやれなかった」と謝罪をしたというエピソードも残っています。

2人の絆は、本当はしっかりとピースとピースの繋がりを持っているのでしょうし、これからも絆は育み続けられるのでしょう。

「パズル」という絆は、一見すると分からないような「2人の共通点」を探す旅でもあります。起こっている(目に見える)出来事によって絆を確かめ合うような絆ではなく、〝もともと魂で感じあっている絆〟を確認し合うような関係性とも言えるでしょう。

命日が残した、あなた自身の「課題」

「問題の本質に目を向ける」
これがあなたの課題です。

ただ、ひと言で「本質」と言っても、それが何のことを指し、さらにその意味を理解するのは難しいと言えます。

「目に見えていること」や「常識」と思われていることに惑わされない視点を持つよう心がける……と言えば少しは理解しやすいでしょうか。

あなたが「今よりもっと人気者になりたい」と思っていたとしましょう。

誰かお手本になる人はいないかと見回したところ、あなたの周囲にとっても人に好かれている人がいました。その人は、頭が良くて、とっても美人です。

あなたは人気者になるべく、その方から学ぼうとします。まず実践したことは、エステに通うこと。さらには、たくさんのセミナーにも通い、資格をたくさん取ると決意しました。

すべては、〝あの人〟みたいに頭が良くて、美人な女性になるため！

ところがしばらくの後……あなたは気づきます。思ったように人気者になっていないことに。

さて、このような場合、「本質」を見る目を持っていればどうでしょう。

普通に考えると、彼女が人気な理由は、「頭が良くて、美人だから」です。

ところが本質を見る目を持つ人は「ああ、この人は感謝の気持ちを素直に丁寧に伝える人だなあ」とか「人の話をとっても丁寧に聞く方だなあ」といった、もっと深いところを見ています。

つまり、常に本質に目を向けている人は、問題を解決するのも早いということです。

あなたにとっては、故人との別れも、一生解けないパズルのようなものだと思っているかもしれません。しかしそれは、「目に見えていること」だけに目が行っているからだと言えるかもしれません。

あなたと故人はもっと深いところで、かならず強い繫がりを持っています。本質的な繫がりが存在するはずなのです。

むしろ故人は、生前の自分の生き方を通して、あなたに「物事の本質を見ること」の大切さを伝えようとしている可能性すらあるのです。

「鍵」となるのは「純粋さ」です。

世の中に存在するものの多くは、「本質」がさまざまなもので覆い隠されています。

会社という組織の中では文字通り「声の大きい人」が、偉くなりがちです。

「お金持ちであること」が「幸せ」だと言う人もいます。

しかし本質はいつもシンプルで純粋なものです。

近年「毒親」という言葉を耳にしたことがある方も多いのではないでしょうか。いわゆる、「子供に悪影響を及ぼす未成熟な親」のことを言います。この「毒親」という言葉は大切な本質を覆い隠してしまうインパクトのある言葉だなあといつも感じます。

もちろん、親として子供の可能性を阻むような振る舞いをしてしまうことは、よくないことだと思います。しかし「私の親は毒親なので、私は不幸せだった」という表現に出会うたびに、そう主張する人は、「大事なもの」から目を背けているように思えてなりません。

この場合、この主張に隠れた本質は、「不幸な子供」ではなく、「親から、本当はもっと優しい愛を向けて欲しかった」という子供の気持ちではないでしょうか。

もしかしたら、そんな純粋な自分の気持ちに触れることに抵抗があるため、無理やり「毒親」という言葉で本音をかき消しているような気さえするのです。

確かに「純粋さ」に触れることは、自分を裸にするようで簡単なことではないかもしれません。しかし、やはり表面的なことだけで対応しようとするのは、ハリボテの家を建てていくようなものです。今は、ごまかしの利かない時代。それではいつか限界がやってきます。

だからこそ故人はあなたにこう伝えたいのです。

〝どんな物事、どんな人の中心も純粋な愛でできている。

もちろんあなたもそうなんだよ。

だから純粋さを出すことは何も恥ずかしいことじゃないんだ〟と。

故人からのサインはこうして届く！

故人は、あなたが物事の本質を見抜き、さまざまな問題解決ができるようサポートしてくれます。以下、それらのサポートが、どんなサインとしてやってくるか、あなたの誕生日星座別にお伝えしていきましょう。

あなたの誕生日星座別、「問題解決」する時の故人からのサポートの受け取り方

牡羊座（故人の命日星座が蠍座　※P78で確認できます）：
故人はあなたの中に湧き上がる「これだけは譲れない」という感覚を呼び覚ましてくれます。その感覚をたぐることが問題解決のヒントになります。

牡羊座（故人の命日星座が乙女座　※P78で確認できます）：
なにかひらめいた時、そのアイデアを理論的に裏付ける情報がもたらされることがありますが、それは故人からのサイン（ギフト）です。

牡牛座：どこからともなく「良い香り」がする時、それは故人があなたをサポートしているこというサインです。その香りはあなたをリラックスさせてくれたり、集中させてくれたりします。

乙女座：本や文章を読んでいるとそこに問題解決のヒントや答えが書いてあることがあります。それは故人からのギフト（サイン）です。そして、それはあなたが抱えている疑問やテーマとは全く無縁の情報源からやってくることが多いです。

天秤座（故人の命日星座が牡牛座　※P78で確認できます）：あなたが心地よい環境に身を置いた時、故人のサポートは入りやすくなります。たまたまホテルの部屋がグレードアップした、たまたま借りた部屋が心地よかったというラッキーも故人があなたを応援しているサインです。

天秤座（故人の命日星座が魚座　※P78で確認できます）：あなたのインスピレーションを豊かにする夢、映画やお芝居との出会いは故人からのギフト（サポート）です。

蠍　座：あなたが何か大事なことに取り組む時、粘り強く集中できる状態になれるよう、故人はサポートしてくれます。

魚　座：故人はあなたが夢を形にしたいなあと思った時、力になってくれる人物との出会いをサポートしてくれます。

＊

あなたが問題解決に集中しようとした時、それにふさわしい準備が必要になってきます。故人はその準備が整うようサポートしてくれます。そのギフトであるサインを受け取っていただきたいと思います。

もしも悲しみに飲み込まれそうになったら

あの人とのお別れを経験したあなたは、色々な感情に振り回されているかもしれません。それは混乱に近いものかもしれません。

「なぜ、こんな別れをしなければならなかったのだろうか」
「なぜ、あの人はこんなふうに死んでしまったのだろうか」
「私は生前の故人にもっとできたことがあったのではないだろうか」

と、どこかその別れに納得できない気持ちを持ち続けるがあまり、日常のちょっとしたことに集中できなくなったり、いつもできることができなくなったり、心ここにあらず状態になったりしていることでしょう。

パズルの絆はどこか「答えを求めてしまう」関係なので、そういったことが起こりやすいのです。また、あなたはそういう自分を責めてしまうかもしれません。

まるで、あなたの気持ちはバラバラになったパズルのようです。

でも大丈夫です。故人は、混乱するあなたにそっと声をかけてくれるでしょう。

〝私の死は、決してあなたのせいじゃない。

あなたは、精一杯のことをしてくれました。

私には分かっています。私には伝わっています。

だからこそ、私は、今、こうして、
自分の死を受け止めることができているのです。

あなたは、何も心配しないでいいのですよ〟

故人も、何かパズルのピースを探すように、自分の死を受け止めるプロセスを歩んでこられたのです。故人にとって、あなたの存在はかけがえのない勇気になっていたのです。そして、故人はこうも言います。

〝だから、どうぞ安心して、あなたらしい人生を歩んでくださいね〟と。

ですから、あなたが故人の死を受け止め難いからといって、決して自分を責めたりしないでくださいね。何度も書いておりますが、悲しみ、混乱……生きている私たちが起こった感情を安心して表現するには時間も必要です。

ゆっくり、ゆっくり、混乱する気持ちの下にある微細で深い悲しみにそっと触れた時、あなたなりに故人の人生を振り返り、感謝し、見送ることができるようになるはずです。その微細な深い悲しみは、純粋なあなたの故人への愛に他なりません。

故人の死をあなたなりに受け止めるプロセスも、パズルのようなものかもしれません。そのパズルの最後のピースは、きっと故人への「感謝」で埋められるでしょう。


2人の繋がりは、この世とあの世でこうして強くなる！

今回、あなたは故人との別れによって失った「なにか」を埋めるような旅に出ます。旅の中では、自分自身の本質にも触れます。その結果、見せかけの強さや、多数決だけで「正しい」と言われていることに振り回されることがなくなり、自分にとって良い判断や決断を下していくことができるようになります。

すると、あなたの周りには「自分をごまかしている人」は、いなくなります。その代わりに自分に正直に生きている人、人の本質が分かる人が引き寄せられていきます。

故人との別れを機に「なんだか人間関係に変化があった」という覚えがある方は、この変化が起きているのでしょう。

星の情報を見ると、2020年を境に、大きな権威や権力に身を委ねて生きる時代ではなく、自分の信念を立てながら生きていく時代になっていきます。

つまり、一人一人が自分に嘘をつかずに、本来の自分を自由に発揮していくことが求められていくのです。そんな時代において、物事、人物の本質を見抜けるようになったあなたは、生き方に迷う人に何らかの指針を与えていく人になります。

この「パズル」という関係性では、誕生日星座と命日星座は、全く異なった性質を持ちますが、よくよく探ってみると「もともと同じ要素で結ばれていた」ことを発見する関係性です。

つまり、このお別れによってあなたに起こる葛藤や混乱の下には、大切な何かがあるのです。それに気づくことが故人との絆を育み、強くしていきます。

私が鑑定をさせていただいた経営者の男性は亡くなられたお祖母様との絆がこのパズルでした。彼は経営者として、よりスケールアップする時期に差し掛かっていらっしゃいました。

経営者として試行錯誤されていたそんな矢先、お祖母様とのお別れがあったそうです。タイミング的にも無視できないものがあり、経営者としての自分に何かしらヒントを与えてくれるかもしれない……とご相談を依頼されました。

よくよくお話を伺うと、お祖母様は若い頃はいわゆる今で言う「職業婦人」でいらっしゃり、しかもそういった女性を支援するリーダー格の立場にいらっしゃったとか。

そして、どうやら相談に乗っている間、彼の中でお祖母様の信念や仕事のスタイルと、ご自身のこれからの経営理念の点と点が結びついた瞬間があったようでした。

故人と自分の間にある「共通した志」のようなものを発見されたのです。まさにパズルのピースがハマった、といった感じだったそうです。

今、その彼は「女性と男性と対等に才能を生かせる組織」を実現されています。


このように、あなたも故人との間に横たわる「大切な何か」に気づくことで、パズルのピースが合うような経験をされるでしょう。

それが「本質を知る」ということです。そして、その気づきが、あなたの人生全体にも反映され、世界を見る目も養われていきます。

故人との絆から、「本質を見ること」の大切さを学んだあなたは、多くの「見せかけではない物事（人）の本質」に触れていき、才能を発揮していくでしょう。

そして、さらに故人との絆も強くなっていくのです。

「幼い魂は大きな胸に抱かれて　あの世にいます」

50代後半の女性・ごんごんさんからのご相談です。彼女は、5歳の可愛い盛りの女の子のお孫さんを急病で亡くされました。

ある春の日、お腹が痛いと保育園を休み、そこから容態が悪化し、感染症から脳症なども発症し、平成最後の日に天に旅立ちました。

あまりにも早すぎる死に、

「なぜこの子が？　とそればかり思います。

この子は、5年間幸せだったと思いますが、

こういう運命の魂だったのか？　と考えてしまいます」

という気持ちを綴っていただきました。

「パズル」という関係性の中には、大きな疑問が生じるお別れを経験される方もいらっしゃいます。ごんごんさんにとっても当然、受け入れがたいお別れだったこと、そして頭の中に「なぜ？　どうして？」がたくさん浮かんでしまうお別れだったことが分かります。


「パズル」という関係性は、一見なんの共通点もない魂同士ですが、今回のお2人は「金星」という星が架け橋となっていました。

金星は「愛おしさ」「喜び」の象徴であり、お2人の絆が生前と同じ「愛おしさ」で繋がっていることを物語っているようでした。決して、苦しみや悲しみではないということです。

また金星には「女の子」という象徴もあります。

そして、これは私の感覚ですが、子供の魂は大きな何かに守られて、あの世にいる気がしています。鑑定の間中、この女の子の小さな魂は「金星の女神様」に抱かれ、おだやかな笑顔でいる様子が私の心のスクリーンには映りました。
〝おばあちゃん、もうお腹は痛くない。大丈夫だよ〟と伝えてくれているような気がしました。

「パズル」という絆は「なぜあの子が」という疑問が常に生じてしまうこともあります。

「寿命は決まっているのか」「自分の運命は生まれる前に決まっているのか」とさまざまな疑問が頭をよぎるかもしれません。しかし、「パズル」の関係性においての正解は「正解はいらない」と思うこと。つまり、「正解」を探すのではなく、自分なりの「答え」を見つけることです。

お孫さんからのメッセージとして、こんなことをお伝えしました。
〝私はおばあちゃんの心の中にいつもいます。
5年間、たくさん愛してくれてありがとう。
たくさん「かわいい、かわいい」してくれてありがとう〟

後日、ごんごんさんから再びメールをいただきました。

「何度も何度も読み返し、何度も何度も泣きました。

実は、あまり泣いていませんでした。

というか泣けませんでした。

母親である娘も泣けてないかもしれません。

夫は事あるごとに、声を出して号泣する始末。

横で私は泣けませんでした。

このお返事を読み返して、泣けたことに感謝します。

やはり子供の死は複雑な思いに駆られます。

震災や事故で突然幼い命が召されるニュースを聞くと胸の奥が痛みます。

親御さんやご家族の心中も考えると胸を突き刺される気持ちです。

孫娘が生まれたこと、亡くしたことでたくさんのことを学びました。

孫娘は私たちに愛の尊さを学ばせるのが使命だったのかもしれません」

小さなお子様が先立つことほど、辛いことはない。私自身の経験を振り返ってみてもそう思います。懸命に乗り越えようとするより、悲しみから愛を思い出すこと。それが私たちにできる精一杯のことだと思います。

ごんごんさんからのメッセージに、私も「愛とは何か」について、多くのことを学ばせていただいた、そんな鑑定でした。

Chapter

9

真っ白な紙

私との別れを機に、
あなたの目の前には
1枚の真っ白な紙が現れる。
何のために現れたのだろうか？
「答えを知りたい」
「空白を埋めたい」
その思いを原動力に
あなたは前に進むだろう。

そうやって一歩、一歩と進む度に、
あなたはたくさんの人と出会う。

そしていつの間にか、
あなたの真っ白な紙は、
出会いの軌跡で

いっぱいになる日がやってくる。

そこであなたはふと気づくのだ。
「答え探し」に
こだわらなくなっている自分に。
「答えのない答え」を見つけた自分に。

そう。大切なのは「答え」じゃない。
あなたがどう生きるかだ！

「真っ白な紙」が持つ基本の意味

故人とのお別れを機にあなたの目の前に「真っ白な紙」が現れます。
もちろんこれは例えですが、文字通り、あなたの心が真っ白になってしまうような、そんなお別れを経験された方も多いでしょう。

何も考えられない、何も分からない、どう受け止めていいかも分からない……あなたはこの「真っ白な紙」を目の前に最初は戸惑うかもしれません。

しかし、「答えを知りたい」「空白を埋めたい」という気持ちがあなたを前へと進ませます。

そして、あなたはその道のりの中で未来の可能性に満ちたいくつかの重要な出会いを果たしていくことになります。

そうやってしばらくの後、いつかその道のりを歩いてきた日々を振り返る日が来た時。その真っ白な紙にはたくさんの「出会いの軌跡」が記されていることに気づく日がやって来ることと思います。

「真っ白な紙」の
星の配置図

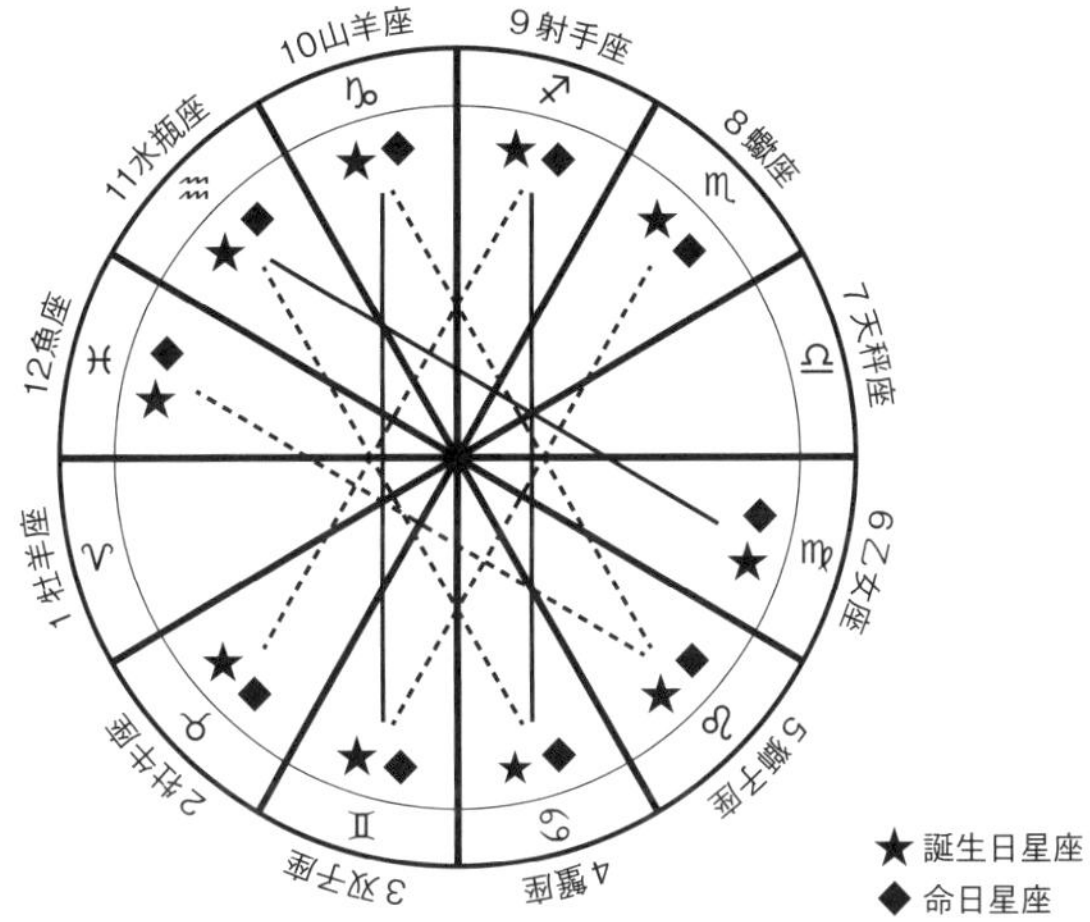

あなたが歩き続けてこられたのは、誰よりもあなたの人生を、あなたの未来を信頼して見守っている故人からの祈りがあったことに気づく、ということです。

2人の絆は「真っ白な紙」から始まり、あなたの前進する力、そして故人からの信頼という祈りによって、育まれていくのです。

それでは星の配置を見ていきましょう。

上の図を見て分かる通り、先ほどの「パズル」同様、4つの星座の部屋を挟んで、誕生日星座と命日星座があるという配置です。すなわち故人とあなたは、角度で言うと150度の関係性ですので、互いになんの共通点もなく、歩み寄りが難しいと言われています。

先ほどの「パズル」では、同じ150度の関係性だったものの、その奥底に共通点を見出すことができました。ところが、この「真っ白な紙」は全く共通点がありません。

ただこれは絶対に混じり合わないと言っているわけではありません。それにもし共通点が見つかり、噛み合った時、革命的で、想定以上の可能性が創造されます。なんせ、それだけ異なったエネルギー同士が化学反応を起こすわけですからね。

水と油は、決して混じり合いませんが、仲介となるものがあれば、全く新しいものを作り出すことができます。調味料であるマヨネーズがそうです。異質なもの同士の水と油の仲を繋ぐのは、マヨネーズの場合、レシチンです。日常過ぎるものではありますが、食卓になくてはならない存在で、革命的なものだと言えます。

左の図は「上を向いて歩こう」の世界的ヒットで知られる歌手・坂本九さんの命日星座（獅子座）とその奥様であった柏木由紀子さんの誕生日星座（山羊座）の配置図です。

坂本九さんの「命日星座」と
妻柏木由紀子さんの「誕生日星座」の関係性

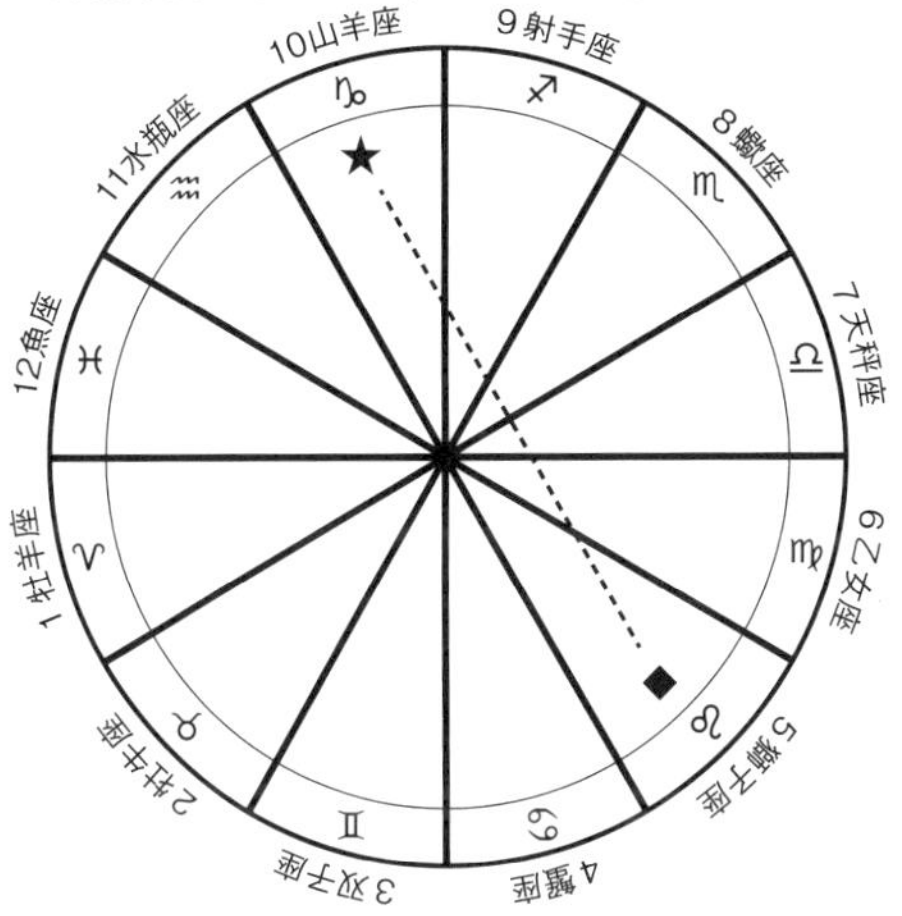

彼は、１９８５年8月12日、日航機墜落事故の犠牲者となりました。

私は当時、中学生でした。ニュースで衝撃を受けたのを今でも覚えています。その記憶から何気なく「もしかして」と思い、お2人の絆を見たところ、予想通り「真っ白な紙」でした。

奥様のお話によると、事故からの10年間はあまりにも突然すぎた上に、壮絶な別れだったため、彼の死を受け入れることができず、娘さんたちと共に悲しみに暮れる日々だったそうです。

しかし、そんな辛い気持ちを救ってくれたのは、坂本九さんのファンから送られた、何千通にも及ぶ励ましの手紙だったと言います。

その一通、一通が少しずつ彼女に勇気を与えていきました。

由紀子さんは、退いていた芸能界に復帰することになり、２０２０年現在は社会福祉活動への積極的参加や、講演活動もされています。また、その講演では「夫婦の絆」を語るなど、坂本九さんのお話もたくさんされています。

その姿を天国の九さんは「君ならできる！」という信頼と愛を持って、ずっとサポートされていることと思います。


この「真っ白な紙」という絆は、「真っ白になってしまった自分の心」を最初は表します。ですが、実は2人の関係は白紙になったわけではありません。

「何も書いていない」からこそ、続きの物語が書けるのです。時間はかかるかもしれませんが、かならず2人の絆の物語に次のページは存在します。

命日が残した、あなた自身の「課題」

「出会う人からギフトを受け取ること」が、あなたの課題です。

誰もが人生において重要な出会いを経験することと思います。

それはたった1人の師匠やパートナーだったり、あるいは先ほどの柏木由紀子さんのように背中を押してくれる多くの人の声であったりする場合もあるでしょう。

この絆においては、それらの出会いは、故人のサポートによるものです。

あなたが出会う人たちは「真心」を差し出してくれたり、新しい景色を見せてくれたり、時には叱咤激励をしたりして、あなたを成長させてくれるでしょう。そして、あなたは人生を振り返った時、それらの奇跡がすべて貴重な財産になっていることに気づきます。

つまり、「真っ白」だったはずの紙には、出会いの軌跡がたくさん描かれているのです。

故人を失った悲しみで身動きが取れない時もあるでしょう。しかし、魂の奥底であなたは未来を諦めているわけではありません。

何か実現したいこと、味わいたいことがまだたくさんあるはずです。

故人はそんなあなたの思いを知っています。だからこそ、「出会い」というきっかけを通して、あなたを見守っているのです。


課題は「出会い」を経験するだけではなく、そこからギフトを受け取ることにあります。

「受け取る」と言葉で言うのは簡単です。しかし、占いの現場で多くの人生に触れていますと「受け取ることはこんなに難しいものか」と実感することが多くあります。

例えば、

「人に親切にしてあげるのは気兼ねなくできるけど、されるのは気が引ける」

「友人や会社の人に褒められると、どんな顔をしていいか分からない」

など、「受け取ること」が苦手な人は本当に多いのです。自分がやったことへの対価として受け取ることはできても、無条件のギフトは受け取れないという方も多いと言えます。

心当たりのある方は多いのではないでしょうか？

そういう方はまず、故人から与えられたこの「課題」という名のギフトを受け取ることから始めてみましょう。

命日が残した課題を解く「鍵」

「信頼」という言葉が、あなたの課題を解くキーワードです。

ここで「信頼」と「信用」には、どういった違いがあるのか？　とよくご質問をいただくので、私の考えをお伝えしておきます。

「信用」は過去の実績や経験に基づいてするもので、「信頼」は無条件にするものだと考えています。つまり「信頼」とは、信じることに「理由（裏付け）はない」と思うこと、とも言えるでしょう。

そのことを踏まえ、何か人からギフトをもらう時、あなたはそこに「受け取る理由」を求めていませんか？　与えるほうは、理由があるとすれば「あなたに喜んで欲しくて」と、ただそれだけ。それにもかかわらずあなたは、「何か思惑があるのでは？」と、もらうことを躊躇します。

「可愛い」と褒められたら、「そんなことないです」ではなく「ありがとう！」。そうやってカラッと相手の気持ちを素直に受け取る。

「今日はごちそうするよ」と言われたら、「大丈夫です。申し訳ないので、自分で払います」ではなく「ありがとうございます！」。そうやって精一杯の笑顔で感謝の気持ちを伝える。

こんなふうに些細なことからでもいいので、相手を信頼してギフトを受け取ってみましょう。相手は信頼してもらえていることにむしろ嬉しくなるものなのです。

また、そもそもなお話をすれば、故人はあなたのことを無条件に信頼しています。

あなたが、「こうしてくれたから」「優秀だから」「がんばり屋さんだから」と、そんな理由抜きにしてあなたを信頼しているのです。

もちろん誤解しないでいただきたいのは「期待している」とは違うということ。

そうやってどんなあなたも信頼できるのは、あなたが今どんな状態であっても、あなたの中にある「光」が故人には見えているからです。

人は、長い人生において自分のことを信頼できなくなる時があります。「輝く未来なんてない……」とこの先を憂う時もあるでしょう。しかし、故人はいかなる時も、あなたが人生を諦めないことを知っています。

そう。期待しているのではなく知っているのです。信頼しているのです。

故人からの信頼を力に変え、あなたがこの世で出会うさまざまな人からのギフトを受け取ることができる日が来ることをお祈りしています。

故人からのサインはこうして届く！

あなたが「真っ白な紙」を目の前に前進することを、故人はいつもサポートしてくれます。特にあなたが出会う人を通して、サインを送ってくれるでしょう。

それはどのような人と出会った時なのか、あなたの誕生日星座別にお伝えしていきましょう。

あなたの誕生日星座別、「こんな人との出会い」は故人からのサイン

牡牛座：あなたを外に連れ出してくれるような知り合いと出会った時。その人はあなたが新しいチャレンジをするためのヒントやきっかけをくれるでしょう。

双子座：あなたより多くのことを知っていて、少し肩書きが立派な人があなたの人生を後押しするきっかけをくれます。

蟹　座：あなたのことを客観視して意見してくれたり、向上心を掻き立ててくれたりするような人があなたに未来のヒントをくれます。

獅子座：あなたより経験豊富で年上の人や、霊的な感性に優れた方があなたの可能性を見出してくれます。

乙女座：とても個性的で常に新しいことを追いかけている人があなたを新しいステージに誘ってくれます。

蠍　座：あなたの話を深刻になりすぎることなく聞いてくれて、理論的な視点を与えてくれる人が前進するきっかけをくれます。

射手座：気がつくとそばにいてくれて、気持ちに寄り添ってくれる人があなたを後

押ししてくれます。

山羊座：自分の意見をしっかり持っている人や情報収集能力に長けた人があなたのチャレンジを支えてくれます。

水瓶座：人の気持ちが分かる人、繊細な関係を持つ人があなたを後押しします。

魚　座：自分らしくアピールするのが得意で華やかな存在感の人があなたの夢を応援してくれます。

＊

あなたが問題解決に集中しようとした時、準備が必要になってきます。故人はその準備が整うようにサポートしてくれます。

そのギフトであるサインを受け取っていただきたいと思います。

もしも悲しみに飲み込まれそうになったら

悲しみに無理に折り合いをつけようとすればするほど、無力感に襲われることもあるでしょう。もし、そんなふうにお別れをどう受け止めていいか分からない場合、「折り合いをつけること」がゴールではないことをまずお伝えしておきたいと思います。

「分からないこと」「折り合いがつかないこと」があると、時として私たちは無力感に襲われます。そして、自分が何か前に進もうとしても「どうせ何をやっても無駄だ」「何をやっても故人が戻ってくるわけがない」と、自分で自分を打ち消してしまいます。

もし、そんな気持ちに飲み込まれそうになったら、無理に前に進むことをやめ、止まることが必要です。繰り返しこの本ではお伝えしていますが、悲しみに暮れることは決して悪いことではありません。

あなたにとって、そして故人のためにも必要なプロセスです。

しかし、責任感の強いあなたは「悲しんではいけない」という思いが人一倍強いため、悲しみを避け、無理に前向きになろうとしがち。その結果、無力感に襲われることもあります。

そうなりそうな時は、迷うことなく止まってください。

立ち止まっても誰もあなたを責めませんし、悲しくてもあなたは決して壊れません。どうぞ悲しむ時間と安心な環境を自分に用意してあげてください。

故人は懸命に別れを乗り越えようとするあなたにこうメッセージを送っています。

〝あなたのその悲しみ、無力感を私も共に感じよう。
でも、本当は私の死に無力感を感じる必要なんてないんだよ。
あなたが精一杯のことをしてくれたこと、私には伝わっているよ。
それに再びあなたが自然に笑顔になるまで、時は待ってくれている。
だから安心して、立ち止まったらいいよ。
歩きだす時のことをがんばって考えなくていいよ。
季節が移り変わるように、きっと自然に
「前に進みたい」と思える時が訪れるはずだから〟

2人の繋がりは、この世とあの世でこうして強くなる！

あなたの「誕生日星座」と故人の「命日星座」の間には、共通するものがありません。だからこそ2人の絆から生まれるものは、いつも意外性に満ちていて、この世に新しい概念を生み出していきます。

そして、その絆はあなたに起こる「出会い」があって、より一層強くなります。それらの出会いによって、あなたは自分のこれまで生かしてこなかった能力に気づかされるのです。

さらに、能力を生かして人生を歩むあなたの周囲には同じように「その人にしか発揮できない力」を開花させる人が増えていくでしょう。

これは何も不思議なことではありません。

私たちはどんな人も「天才性」と呼ばれるものを持っています。しかし、時代背景や環境、出会う人によって、その天才性が発揮されずに過ごしている場合もあります。

そんな中で、大勢のうちの誰か1人が能力を発揮すれば、連鎖反応のように天才性を発揮する人は現れます。なぜならば、その能力を支えるために、また違った能力を発揮する人が現れる、といった具合にどんどん広がりを見せていくからです。

また、1人が常識を破ると、周囲にいる人たちの価値観もが崩壊され、「やってもいいんだ！」「それなら自分にもできるかも！」と思う人がたくさん現れるという側面もあるでしょう。まさにあなたと故人の絆が育っていく出会いの中で、そういった連鎖反応が起こります。

冒頭でご紹介した「20年前お父様を亡くされた経営者男性Tさん」は、現在、多くの方の才能を見出すプロデュースを人生の仕事として取り組まれています。お仕事柄、Tさんの周囲には、自然と個性を輝かせている方がたくさんいらっしゃいます。そしてTさんの場合、その方々との関わりがあることで、ご自身の個性もさらに輝きを放ち、それがさらに才能豊かな方を引き寄せるという連鎖反応を起こしているように見えるのです。


もちろんそのシーンはビジネスに限らず、あなたの家族といったプライベートにも広がっていくことでしょう。そうして、あなたと周りが自分の力を開花させた人で溢れれば溢れるほど、あなたと故人の絆も強く育まれていくのです。

「ひき逃げにあった友人による天国からのプレゼント」

「命日占い」に寄せられるご相談の多くがご両親や親子関係です。ただ時として、ご友人を亡くされたというケースももちろんあります。

今回のご相談者は、実はこの本の編集をご担当いただいた方です。ちょうど出版社にこの企画を持ち込み、最初の顔合わせの時、編集者である岸田さんに、このご友人とのお別れの体験談をシェアいただいたのです。岸田さんからのお話は以下のようなものでした。

「今から数年前。突然地元の友人から電話がかかってきました。

交通事故でＫくんが亡くなったという知らせでした。

しかも、ひき逃げ事故だというのです。
つい最近まで普通に元気にしていた友人が
こんなにもあっけなく逝ってしまうなんて……。
しかも、ひき逃げで命を奪われたと聞いて、
悔しい気持ちと、ショックな気持ちのまま数年が過ぎてしまいました。
この死をどう受け止めていいか、まだ消化できていない自分がいます」

27歳という若すぎる死。ご友人としてのやりきれない思いもあったでしょう。

お2人の絆は「真っ白な紙」でした。

「一体、何が起こったか分からない」「どうして？　なぜ？」と、まるで岸田さんの目の前には「真っ白な紙」が置かれたようなお別れだったようです。

それから数年、答えの出ない答えを探すように、岸田さんは歩んでこられました。

もちろんこの企画はご友人の死を体験してらっしゃることは知らずに持ち込んだもの。しかし、このお話をお聞きした時、これも巡り合わせではないかと確信したのです。

お2人の絆である「真っ白な紙」は、答えは分からないままだけど、何かに突き動かされるように進んでいく、といった絆です。そして、その歩みの中で、いくつかの重要な出会いを果たし、人生に可能性を見出していくことになっています。

まさに岸田さんがこの世に送り出された本を書かれた著者の方、たくさんの読者の方々がその「重要な出会い」と言えます。その巡り合わせに私も交わった、そう感じたのです。

もう少し星の配置を分析して言いますと、岸田さんの「誕生日星座」とご友人の「命日星座」はほぼ誤差なく150度ぴったりでした。つまり、答えを見つけるより「進み→出会い→振り返る」ことが大事だとする「真っ白な紙」の典型的なタイプとも言うことができます。

さらに、この命日は岸田さんにとっての「自分らしさ」「自分像」とも呼ぶアイデンティティが一度破壊され生まれ変わる日でもありました。その日を境に岸田さんの使命がクローズアップされるような星の配置になっていたのです。

ご友人の魂は、岸田さんに

〝俺のこと忘れないでね。君の仕事、いつでも応援しているよ。まだまだやることあるみたいだよ〟と呼びかけているような、そんなチャートだったのです。

つづけてこの命日は、大きな人生の節目となる「サターンリターン」間近。

冒頭でご紹介したお父様を20年前に自死で亡くされたご相談者もそうでした。

やはり、大切な人との別れは、その人の人生にとっても大きな節目となり、人生の転換期にもなっていることを物語っているようです。


そして今、亡くなられてから、数年が経ちました。「彼がなぜ事故に巻き込まれなくてはならなかったのか」という疑問に何か答えが見つかったわけではないと思います。しかし、当時からの岸田さんの歩みを振り返った時、真っ白な紙はもはや「真っ白」ではなく、多くの出会いの軌跡が描かれていることは明らかだと思うのです。

天国にいる彼と岸田さんの絆はこうして、これからも続いていくのです。

私は、お2人の絆の物語の中に出てきた1人なのでしょう。そう思うと、とても不思議な気持ちがしますし、やはり書かずにはいられない、そんな鑑定でした。

Chapter

10

天空の目

あなたが地上の花なら、
私は太陽の目となる。
あなたが舞台女優なら、
私は観客となろう。
あなたが絵を描く時は、
私は鳥になってその景色を眺めよう。
2人はあの世とこの世、
遠く離れているけど、
いつも同じものを見ているんだ。
あなたはこれから生きる中で、
「もう1つの目」があるってことを

いつも思い出して欲しい。
すると見えなかったはずの道や
真実が見えてくるよ。
そして、道や真実は1つだけではないことにも気づくだろうね。

「天空の目」が持つ基本の意味

故人は「あの世」という遠い場所に旅立ち、あなたは引き離されたという感覚を感じているかもしれません。

しかし「天空の目」の絆は、「離れているのに見つめ合っている」関係性だと言えます。

いつもお互いの姿を見つめ合っているような関係であり、惹かれ合っているようにも見える、そんな絆なのです。

〝離れてしまったけど見守ってくれている感覚が強い〟とおっしゃる方もいます。

私が小さい頃。「亡くなった人たちは天から見ているよ」と教わったものですが、まさにその通りの目線を持っている故人です。

その故人の「目線」そのものが絆によって、あなたにも共有されます。

私たちは五感を使ってこの世界を認識しています。ですが、その認識範囲は世界のほんの一側面です。例えば、この本でも幾度となく登場する「感情」。これも、実際に見ることは不可能です。

「天空の目」の
星の配置図

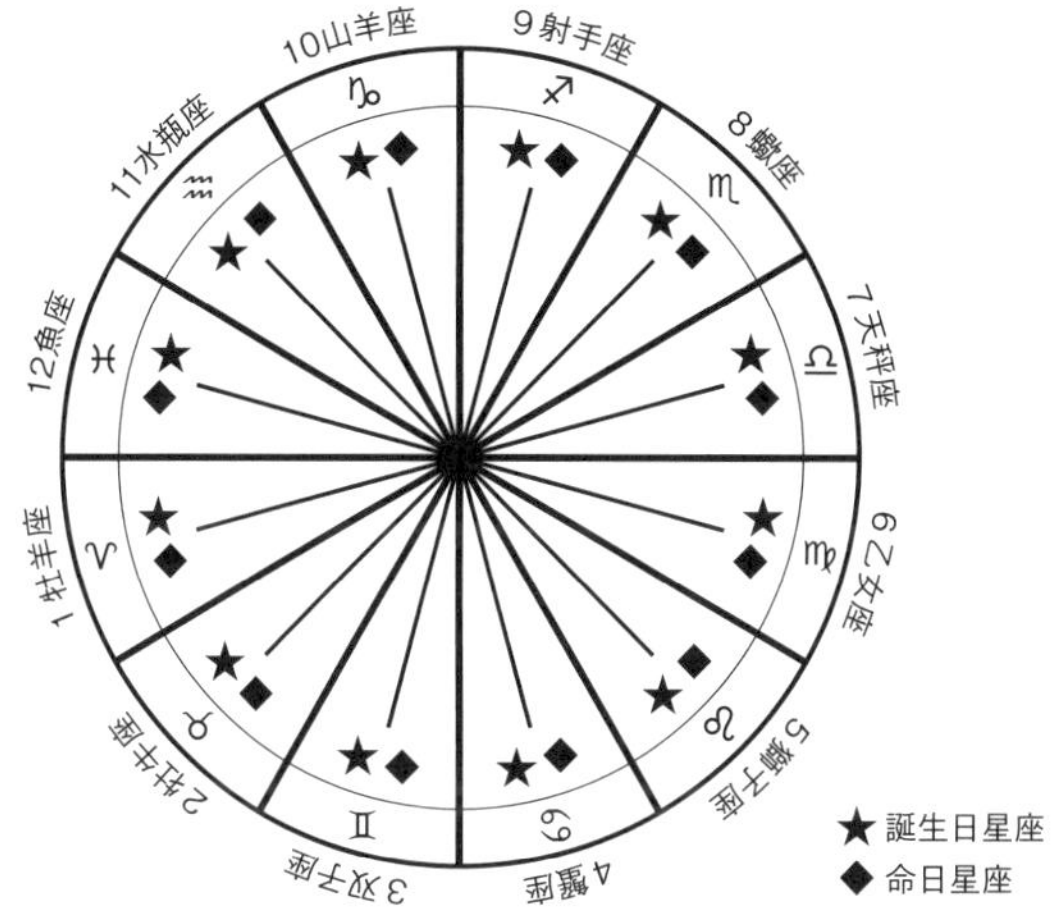

ところが故人の「天からの目線」を共有しているあなたは、この世で起こる出来事を人一倍、豊かな目線で見ることができます。故人が亡くなってから霊感が強くなったという方もたくさんいらっしゃいます。

星の配置は上の図のようになり、誕生日星座と命日星座はちょうど向かい側同士の関係。つまり１８０度の関係性です。占星術においてこの２つの位置関係は、合わせ鏡のような似た者同士であるものの、どこか緊張感をはらんだ関係性を表します。

いずれにしても互いに無視できないほ

ど惹かれ合う関係性です。

また占星術において、この180度という角度（つまり、向き合っている星座同士）の意味合いも「2つでワンセット」です。

例えば「双子座」と180度で向き合っている「射手座」には、どちらも「自分の力で完成させたい！」という共通した1つの目的があります。ただ、双子座は「身近にある好奇心」を手段に完成へと向かう一方で、射手座は「遠いものに対する憧れ」を手段に完成へと向かいます。

つまり「目的」は一緒ですが、「手段」が違うということです。これはとてもいい結果をもたらします。なぜなら「完成」という目的に対して2つの視点が入るわけですから。

そんなことから、この関係性では、お互いが協力し合うことで豊かな目線を持ってこの世の中を見ることができますし、何かを生み出すことができるということです。

左の図は、先ほども登場したビートルズの元メンバー、ジョン・レノン氏の「命日星座（射手座）」と、同じバンドメンバーだったポール・マッカートニー氏の「誕生日

**ジョン・レノン氏の「命日星座」と
ポール・マッカートニー氏の「誕生日星座」の関係性**

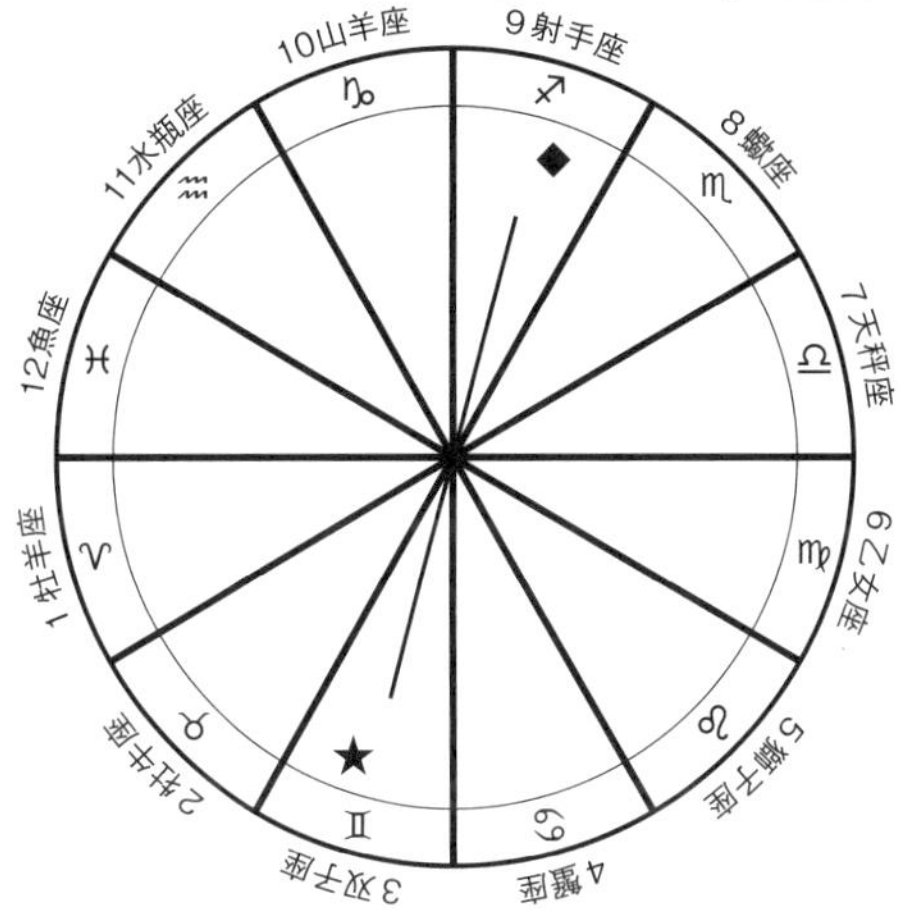

星座（双子座）」の配置図です。

生前、彼らのコンビは最強と言われ、この2人は数々の歴史に残る名曲を生み出しました。

ポール氏は2020年には、80歳近い年齢となりますが、デビューから50年以上経った現在でも、その音楽の才能は全く衰えていません。

ポール氏はジョン氏の死後、曲作りについて以下のように話しています。

「（曲づくりの方向性が）どっちに行ったらいいか分からなくなるような時に、部屋の向こうにいるジョンに聞いてみるんだ。

彼は『それは無理だよ、お前』とか言

う。そこで僕は『そりゃそうだ。じゃあこれはどうだい?』って聞くと、ジョンは『そうだ、そっちがいいよ』とか言ってくれる。

こうやって僕らは会話するんだ。こういうやり取りは失いたくないね」(米ローリング・ストーン誌のインタビューより:電子版、10月23日付)

まさに「遠くにいるけど見つめあっている」関係性です。

ポール氏の誕生日星座は双子座で、誰にでも親しみやすくスタイリッシュな作品作りが得意な性格です。

そしてジョン氏の命日星座は射手座です。射手座は「もっと遠くへ!」というエネルギーに満ちています。

それらの特徴を象徴するかのように、ジョン氏の死後、ポール氏の作品は広がり続け、あらゆる国で公演を成功させています。NASAを通じて地球から約220マイル上空の宇宙飛行士へライブを生中継したというエピソードもあるほどです。

ポール氏の親しみやすいメロディから無限の広がりを感じるのも、彼らの共同創造のなせる技なのかもしれません。

命日が残した、あなた自身の「課題」

「真実は1つではない」という目線を持つことがあなたの課題です。

この世において、事実は「1つ」です。例えば「子犬が1匹いる」という事実は1つです。子犬が子猫にはなりません。

しかし、その子犬を見る人が10人いれば、10通りの真実が生まれます。

ある人は「かわいい子犬」と言い、ある人は「なんか怯えているような子犬だ」と言います。またある人は「忠実そうな子犬だ」と感じるかもしれません。

いずれもその人にとっての真実であり、そこに正しい、間違いはありません。

さらに真実は見る人によって異なるだけではなく、時の流れ、その時の状況によっても変わります。

大きな話になりますが、昔は「地球中心に太陽系の星たちが回っている」という天動説が真実とされていました。しかし、今は「太陽が中心」が真実です。

この本のテーマでもある「死」という概念も、「科学」から見る真実と、「精神論」から見る真実、または「宗教」という視点から見る真実は異なります。

あなた自身の課題はここまでご説明したことのように、「たくさんの真実によって世の中はできている」という目線を持つことです。

あなたが悩む時や人生に行き詰まりを感じる時というのは大抵、「1つの真実」の中で立ち止まっている時ではないでしょうか。

その場合、抜け出す方法はいたって簡単。「真実は1つではない」という基本に立ち返り、他の目線や可能性を見ることです。

ただ、ここで言いたいのは「1つの真実だけを追いかけるのはダメ！」と乱暴に言いたいわけではないということ。なぜなら「自分にとっての真実」を持つことはまた、志や信念を作りあげてくれるものでもあり、その結果「あなたらしさ」が生まれるからです。

つまり私が言いたいのは、自分にとっての真実以外を排除せず、かつ「その他の目線」をもとに「自分にとっての〝1つ〟を選ぶこと」が重要だということです。

その生き方を実践しようとする時、故人との絆は常にあなたに「もう1つの目線」

となってヒントを投げかけてくれます。

もしあなたが何か物づくりをするクリエイターなら、故人は、〝それを使う人〟の気持ちを教えてくれます。

もしあなたが舞台上で演じる役者さんなら、故人は、観客の気持ちを教えてくれるでしょう。

また、あなたが悩みすぎて袋小路に迷い込んでいたなら、視点を切り替えるきっかけを届けてくれます。「私なんて大したことない人間だ」と落ち込んでいたら、故人は「あなたにしかできないこと」に気づくきっかけを届けてくれるかと思います。

命日が残した課題を解く「鍵」

「あなたにとっての苦手」が、鍵となります。

ただこれは「苦手なことを克服しましょう！」と言っているわけではありません。

苦手なことに目を向けるだけで十分です。

故人からもたらされる「もう1つの目線」は、あなたにとっては少し苦手、もしくはちょっとした違和感を伴うものであることがあります。

しかし、そこにこそあなたが現実創造をしていく上で大切なヒントが隠されているのです。


例えば、「海外旅行」が好きだが、「国内旅行」には興味がないという人がいたとしましょう。この人にとって国内の鉄道各駅停車の旅は、じれったく感じるのです。

しかし、そういう時こそ、国内旅行をあえて一度経験してみる。すると地方の良さに気づいたり、自分の国の美しさに気づいたりできるのです。


また、「苦手なこと」というキーワードを〝自分とは違う価値観を持った人〟と置き換えてもいいでしょう。

その人のことを自分に取り入れる必要は別にありませんが、「ああ、そういうアイデアもありだよね」という目線を持つのです。たったそれだけで、その人から必要なエッセンスをあなたの目線に取り入れることができます。

例えば、乙女座の方は「几帳面」と言われます。いつも何をするにも準備万端で忘れ物などしないのです。そういう人にとって、大らかな性格の方はじれったく、行動を見るたびにざわつくかもしれません。しかし、そんな乙女座の方が「もし忘れ物をしてもなんとかなるかもしれない」と真逆の要素を取り入れることができたら、対応できる物事の範囲が増えて最強になりますよね。

故人は、多様な価値観を持とうとするあなたに対して、いつも逆に自分軸を見失うことがないよう見守ってくれています。

故人からのサインはこうして届く!

故人は、「どのような問いかけ」をすればあなたにメッセージを送ってくれるでしょうか?

あなたが故人にすると良い質問を誕生日星座別にお伝えしていきます。

あなたの誕生日星座別、故人からサインが届きやすくなる問いかけ

牡羊座：「故人ならどう考えるかな？　どんなふうに応援してくれるかな？」そう故人に聞く時、ヒントや解決の糸口がやってきます。

牡牛座：「さらにこの物事を掘り下げると、どんな宝が埋まっているだろう？」そう故人に聞く時、ヒントや解決の糸口がやってきます。

双子座：「もっと遠くまで行くには？」「もっとたくさんのものを手にするには？」「もっと広いところに行くには？」そう故人に聞く時、ヒントや解決の糸口がやってきます。

蟹　座：「後世に伝えるためには何をすればいい？」そう故人に聞く時、ヒントや解決の糸口がやってきます。

獅子座：「みんなが主役になるには？」そう故人に聞く時、ヒントや解決の糸口がやってきます。

乙女座：「何の制限もなかったら、私はどうしたい？」そう故人に聞く時、ヒントや解決の糸口がやってきます。

天秤座：「誰にも評価されなくても、自分が本心からやりたいことって何？」そう故人に聞く時、ヒントや解決の糸口がやってきます。

蠍　座：「私にとって豊かさってなんだろう？」そう故人に聞く時、ヒントや解決の糸口がやってきます。

射手座：「どうすれば必要なところへ、必要なものを届けられるだろう？」そう故人に聞く時、ヒントや解決の糸口がやってきます。

山羊座：「私が私らしく自然体でいるには何が必要だろう？」そう故人に聞く時、ヒントや解決の糸口がやってきます。

水瓶座：「私が自分らしく輝く人生ってどんな人生？」そう故人に聞く時、ヒントや解決の糸口がやってきます。

魚　座：「夢を叶えるために毎日できることって何だろう？」そう故人に聞く時、ヒントや解決の糸口がやってきます。

＊

あなたがさらに「自分らしく」生きたいと思った時、故人は「もう1つの目線」に気づかせてくれることでサポートしてくれます。

「問い」からあぶり出されるサインを受け取っていただきたいと思います。

もしも悲しみに飲み込まれそうになったら

お別れが人に及ぼす影響はあなただけでなく、当然、あなたを取り巻く人にも及びます。

例えば、あなたの家族のお1人が亡くなった場合、家族全員が影響を受けます。これまで全員揃って初めて、バランスが保たれていたのですから当然です。

家族という「1つの体」に大きな空洞ができたかのようになり、家族それぞれがいつもの自分ではいられなくなる……といった混乱もあるでしょう。そんな時、あなたはというと、自分の悲しみよりも、周囲が受けたショックや悲しみを見て、「もうあの人は戻ってこないのだ」と、さらに混乱や悲しみを深くしてしまっているかもしれません。

あなたを含め、あなたの周囲がいつもの姿に戻るには時間がかかります。

だから、あなたは周囲をどうにかしようとがんばらなくてもいいのです。

まずは、あなたが泣きたい時に涙を涙し、誰かにそばにいて欲しい時にそばにいて、話を聞いてもらう、ということが必要です。

そして、そんなあなたに故人はこうメッセージを送ってくれています。

〝あなたは私と引き離されてしまった……と思っているかもしれないね。
でも、私の眼差しの先には今もあなたがいます。
遠く離れたけど、お互いの姿は見えています。
あなたの心の中にいる私は、いつも平和な気持ちでいます。
先にあなたを置いて旅立ったこと、
ごめんなさい。
そしてこうして私に思いを馳せてくれていること、
とても感謝しています。ありがとう〟

2人の繋がりは、この世とあの世でこうして強くなる！

「天空の目」は、ビートルズのジョンとポールがそうだったように、あの世とこの世に引き離されたとしても、互いにエネルギー交換をしやすい絆であり、刺激を与え合い、進化していきます。

2人の距離感は、星の配置で見ると、10個の絆の中でもっとも遠いと言えます。そして真っ正面で向き合っていて、引き合う力もパワフルです。だからこそ、強い磁力となり、その力が周囲の人を惹きつけるエネルギーにもなります。

これは周囲への影響力とも言えるもので、2人の周囲を取り巻くエネルギーも大きく育まれていくのです。

つまり、あなたはこの絆を通して、周囲の人や世界に大きな影響を与えていく可能性に溢れた人なのです。

あなたが持っている「世界を見る目線」は、故人との別れを境にさらに豊かに育まれています。その目線はあらゆる問題の突破口を見つけたり、可能性を見つけたりすることに役立つでしょう。そして、才能をあなたが発揮していけばいくほど、故人もさらにあなたにあらゆる次元の考え方を見せてくれます。

違う次元の目線は、あらゆる人が生き辛さから解放されることにも繋がります。

それはちょうど迷路を上から見て解くようなものです。

迷路というのは、前から見ると難しいことこの上ないですが、目線を変えて、上から見れば、ゴールまでの道すじは、一目瞭然です。

そんな目線をあなたは人に与えていけるようになるのです。たくさんの人が心を自由にしたくてあなたが来るのを待っています。

「天国から妻へ贈る〝愛してる〟の言葉」

ご相談者は20代の女性・はるさん。

30代で亡くなられた旦那様との絆を鑑定させていただきました。

旦那様は仕事の過労により、自律神経失調症を発症。さらにうつ病を患い、はるさんのサポートのもと、休職や復帰を繰り返しつつ、回復へ向かっているはずでした。

ところがある日、遺書もなにも残さず、自ら命を絶たれてしまいました。

はるさんはその時、妊娠中だったのです。

はるさんは、彼が自ら命を絶つ前日のお話をこう綴っていました。

「前日の夜、全く寝れず、手足が冷たくなっていた夫に足湯をしてあげてました。
手足をさすったり、色々したものの、憔悴《しょうすい》してる彼を見て、
はじめて弱音をはきました。
ツワリが辛くても、うつ病の人を追い詰めてはいけない、
と今まで言わなかったのに、その夜はじめて弱音をはきました。
翌日ごめんね、と謝ったけれど、
そのことも夫を追い詰めたのだと思います。
夫は、結婚して幸せだった、と言ってくれていました。
わたしのこともとても愛してくれていました。
亡くなる前日だったか、当日だったか、もう定かではないですが、
愛してるよ、と伝えてくれました」

はるさんのお気持ちを察するなんて、私には軽々しく言えません。
どれだけ無念だったでしょう。
はるさんと旦那様の命日星座は「天空の目」という絆で今も結ばれています。

180度という関係性はお互いが遠くに離れても惹かれ合い、見つめ合っている状態を表します。

「優しい夫のことだから、わたしの負担になりたくない、と考えて天国に旅立ったのかもしれません。

決して、誰かを恨んだり、責めたりするような人でもありませんから」

そうおっしゃるはるさん。胸が詰まる思いです。もし「負担になりたくない」と、そういう愛の表現があるとしたら、悲しすぎます。

彼がなぜ死を選んだのか、それは彼にしか分かりません。ただ、私にできるのは、今のお2人の絆を読むこと、続きの物語を描くことだと思いました。

彼とはるさんの魂を表す太陽は向き合っていて、お互いの存在を通して、彼も自分としっかり向き合ってらっしゃるのが伝わってきました。

私はこの星の配置から、彼ははるさんの生き様を見守り続けることで、ご自身が「確かにこの世に生きた」という証を感じたい！　という表れだと考えました。

そして、これからもはるさんと自分の子供の成長に寄り添っていきたい気持ちが伝わってきました。

彼女へは、星を通して次のように彼の言葉としてお伝えしました。

〝何度も言わなきゃいけないのだけど、君は何も悪くない。

すべて僕が決めたことなんだ。

君には感謝しかないんだよ。

なぜなら、君との出会いがなければ
僕は「確かにこの世で生きた」という
これまでの人生さえ否定しなきゃいけなかった。

僕は遠くにいるけど、君の近くにもいる。

そして今は心穏やかでいるよ。心配かけてごめんね。

君がこれから多くの人の力になろうとする時、
僕は君のもう1つの目となるよ。

僕の目は君の中にもあるんだ。

きっと、そんな豊かな目線を持つ君のことを必要とする人たちはたくさんいるだろう。

いつも君をサポートしたいと思っているよ。

愛しています〟


正直、お伝えする私の中にも、きれいごとをお伝えしているようにも感じ、どうなのか……という葛藤が少し生まれました。しかし「天空の目」という絆は互いが見つめ合い、相手の中に自分の魂を映し出す関係性でもあります。

だから、彼の魂の思いが伝わるよう、「これからの物語」をお伝えすることの必要性を感じたのです。

少し月日が流れた後、はるさんから以下のようなメッセージをいただきました。

「いただいた鑑定を読んでいるなかで、自然と涙がこぼれました。

そして、読み終えた後は、
自分を責めていた気持ちが和らぎました。

最後の『愛しています』という言葉も、

『君は何も悪くない』という言葉も、

きっと夫ならそう言うだろうなあ、と思えたからです。
（中略）
永遠に（少なくとも私が死んで、あの世に行くまでは）できないと思っていた、
仲直りができたような気持ちになりました。
仲直りをしたら、後に残るのは、
ただただ夫を愛しく思う気持ちだけです」

命日占いがお2人の対話のきっかけとなり「仲直り」になったようでした。

あまりにも切なすぎるお別れ。

しかし、故人の魂はいつも大切な人を見つめ、2人の繋がり、絆を諦めているわけではないことも実感した鑑定でした。

故人との生前の記憶や思い出の品に触れることは、時に「亡くなった人への未練」としてネガティブに捉えられることがあります。

しかし、本当にそうでしょうか。


私には、「霊魂の行方」や「死後の世界」を感知する能力はありません。ですが、私は幼い頃に別れた2人の従姉妹との絆があったからこそ、ここまで自分らしくのびのびとした人生を歩むことができたと思っています。

もちろん、「お別れ」という経験は、人の心をえぐるような辛い出来事で、私にとってもそうです。

ただし、その「傷」は年月の中で絆となり、「私」という人間を育みつづけてくれました。

私の人生において大切にしたいもの、何か達成したいものを思い出させてくれたのは、彼女たちとの絆でした。彼女たちが好きだった本、好きだった食べ物、手を繋いだ感触、生前の笑顔……。

それら、たくさんの思い出が今の私を育ててくれました。


生きている私たちにとって、故人との優しい記憶、思い出の品は故人との架け橋になります。

たとえ、故人との間に辛い思い出があったとしてもそれはかけがえのない絆です。


ある日の朝のことです。

新聞を読んでいると、1つの記事が目に入りました。

東北大震災の被災地の瓦礫や泥の中から回収した写真を被災者に返還するというボランティア活動の記事です。

被災地から見つかった写真は、なんと10万枚。アルバムは2000冊が集められたそうです。

会場となる廃校にびっしり並べられた写真を大切そうに手に取るご遺族を見て、切なさと同時に優しい気持ちになりました。

写真が見つかったからといって、故人が帰ってきてくれるわけではありません。

しかし、辛すぎて見ないようにしていた「故人との温かい絆」が戻ってくる瞬間がそこにあるように感じました。息を吹き返した絆は確実にその方々の勇気や安心感になっていたと思います。

亡くなった人を思うこと、思い出を振り返ることは、決して〝未練がましい〟と表現されるようなネガティブなことではありません。故人との絆から勇気をもらい、あなたが今を生きるために、ときに必要な時間です。

それに自分の一部を作ってくれている故人に思いを馳せること、故人の生きてきた時間に深く感謝することは、故人への愛の表現のみならず、自分自身の一部を愛することだとも言えましょう。

そして、「死」という誰もが受け止め難いテーマにも関わらず、この本を手に取り、ここまで読み進めてくださったあなたであれば、もう感覚的にお気づきかと思います。

あなたの大切な故人は、生きつづけています。


これは何も難しく考えることでもありません。

特別な霊能力がなくとも、故人を思う気持ちがある限り、故人はあなたの心の中で生きつづけるのです。

あなたと共に故人は成長していきます。


ただ、亡くなった大切な人を思い出すことは痛みを伴うものでもあります。

だからこそ、この本があなたにとって「故人のことを思い出しても大丈夫かもしれない」というクッションになり、ここまで読み進めていただけたのであれば、とても嬉しく思います。

あなたが故人を思い出す時。

そして、その人の名前を思い出す時。

それが痛みではなく、生きるあなたの安らぎや勇気になれば！

そう祈らずにはいられません。

「死」によるお別れはとても悲しいことです。しかし、「無」になるわけではありません。

あなたが求めれば、いつも故人はあなたの心の中で語りかけてくれます。

「ずっとそばにいますよ」と。

最後になりましたが、この命日占いを共に作り上げてくださった、ご相談者のみなさま。貴重なお別れの体験をシェアいただきありがとうございました。

悲しい記憶を辿っていただく作業は簡単にできるものではありません。心よりお礼申し上げます。

皆様のご協力なしには、この本が生まれることはありませんでした。

そして本書出版をご快諾してくださったサンマーク 出版のみなさま。プロデューサーの山本さん。共に企画してくださり、いつも力強く支えていただいているアンドユーのスタッフのみなさま、深遠なる占星術の世界を教えてくださった諸先輩方、そして何よりこの「命日占い」という本を手にしてくださったあなたに深く感謝いたします。

天から執筆に協力してくれた2人のお姉ちゃんたちにも愛と感謝を。

２０２０年　金星が双子座に入った桜の綺麗な日に

かげした真由子

かげした真由子

命日ホロスコープ占い師・心理セラピスト。サウンドクリエイター、ベンチャー企業を立ち上げ、保険営業マンの秘書などを経てタロット占い師になる。2008年より占い師・心理セラピストとして独立。 現在までの鑑定数はのべ1万5千件。
占い業界の激戦区「大阪のミナミ」で占い店のプロデュースを手掛け、1店舗目開店より3年で3店舗まで増やすことに貢献。当てるだけではなく、その人が持って生まれた可能性を占いで引き出すことで現状を変化させ未来を切り開くタロットセッションが評判を呼び、同業者、起業家を多数顧客にもつ。「誕生日占いができるなら、命日占いはできないんですか?」という相談をきっかけに、故人の命日をもとに相談者の人生をうらなう「命日占い」を始める。

デザイン
山田知子(chichols)

イラスト
佳矢乃(sugar)

プロデュース
山本時嗣

校正
株式会社ぷれす

広報企画・実行
& U

DTP
朝日メディアインターナショナル

命日占い

2020年6月30日　初版発行
2020年7月10日　第3刷発行

著者　かげした真由子
発行人　植木宣隆
発行所　株式会社サンマーク出版
〒169-0075
東京都新宿区高田馬場2-16-11
(電話)03-5272-3166
印刷　共同印刷株式会社
製本　株式会社若林製本工場

ISBN978-4-7631-3832-3　C0095
ホームページ　https://www.sunmark.co.jp/